夢が叶う愛され力の身に付け方

愛も幸せも手に入る7つの法則

宇野美香子

合同フォレスト

Messag

「愛と幸せの7つの法則」で、愛されて夢を叶えよう

数多くある中から、この本を手に取ってくださり、ありがとうございます。

この本を手にしてくださった皆さん、ご機嫌いかがですか？

「幸せです」と素直に言えない心境ですか？

「満たされた人生を送りたいのに、次々とトラブルが起きる」

「心から信じたいのに、疑ってしまう気持ちがある」

などと、今の人生に不満や悩みを持ちながらも、どうしたらいいかわからないと、悩んでいるのかもしれませんね。

私に悩みをご相談くださる方も、自分に自信を持てなかったり、生きることに希望を持てずにいたりする場合が少なくありません。

人の抱える不安や悩みはそれぞれです。

でももし、パートナーや家族だけでなく、友人、同僚、上司など、関わる人

たちすべてに「愛される」方法があるとしたらどうでしょうか。

さらに、愛されることに加え、「夢を叶え」「豊かさにあふれた」人生を送ることができる法則があるとしたら?

「愛いっぱい、夢いっぱい、豊かさいっぱい」になれる法則を知り、実践することができれば、この世で生まれる悩みのほとんどは解消していくでしょう。

愛に恵まれて、夢が次から次へと叶えられ、豊かに暮らすことができたら、想像もできないほど幸せになれるはずです。

そんな「愛されて、夢を叶える」法則があるのだとしたら、皆さん、もちろん知りたいですよね。でも、そんな夢みたいな法則があったら、誰でもすぐに実践しているよと思うでしょうか。

実は、愛されて、夢を叶え、そして人生をより豊かにするためには、自然の摂理が定めた法則があります。

その摂理を知り、実践することで、人生は大きく変わっていくのです。

私はこれまでの60年近くの人生で、チャレンジし、あれこれと試行錯誤しながら、愛されて、夢を叶えることを可能にする原理を見つけました。

この原理を私なりにアレンジしたものを系統立てて、どう実践すればいいかまで、法則にまとめ上げてご紹介するのがこの本です。

愛されて夢を叶えるためには、心がけるべき「愛と幸せの7つの法則」があると考えます。

1 自分から笑顔のあいさつをしています
2 心も体も身の回りも美しいです
3 みんなの幸せを真心から祈っています
4 起きるできごとはすべて「自分発振」だと捉えています
5 小さな親切をしています
6 自分を大切にしています
7 大切な人に愛を伝えています

※あえて「〜ます」「〜です」と表現している理由は、27ページをご覧ください。

この7つを気付いたときにすぐすることが、愛されて夢を叶えるための基本です。詳しくは、本編でご説明します。

私自身、この法則を意識して実践するようになってから、以前よりももっと愛を身近に感じることが増え、人間関係が豊かになりました。

さらに、愛を頻繁に感じられるだけでなく、感動、豊かさ、幸福感の質が変わり、ずっと深くなったと実感しています。

具体的には、家族や身近な人との関係がより一層スムーズになり、応援してくれる人がグンと増えてきたのです。やりたいことをどんどん実践して、自分の人生に取り入れるスピードが加速しています。

さらに、ちょっとした瞬間に、愛、豊かさ、感動を見つける回数が増え、幸せを感じることが増えています。毎朝、目覚めるのが楽しみで仕方なく、人生で起きる奇跡のようなできごとに感謝しながら暮らしているのです。

もちろん日々の暮らしで、何も問題が起きないというわけではありません。

でも、愛と幸せの7つの法則を実践していると、物事の受け止め方が変わり、これまでだったら「嫌なできごと」としか思えなかったことも、人生を好転させる可能性を秘めた宝物になるのです。

世界中の人に思いを届けたい

私は18歳のとき、アイドルグループ「きゃんきゃん」の一員としてデビュー。数多くの人気歌番組やテレビコマーシャルに出演しました。

そして、24歳で夫となる男性と出会い、結婚を機に引退。家族との暮らしを充実させる中、さまざまな出会いがありました。そして夫の死後、２０１３年に再デビューします。

現在は「永遠のアイドル」「国歌奉唱歌手®」「愛の伝道師」として、自分や家族、仲間だけでなく、日本という国を大切に思う気持ちを『君が代』を通じて世に伝える活動をする他、匿名で児童養護施設の子どもたちにランドセルなどを贈る「タイガーマスク運動」に賛同し、社会貢献活動家として「愛と幸せの7つの法則」をプリントした文具や、私が歌う子守歌のＣＤを贈るなどの活動をしています。

これからの日本を担う子どもたちだけでなく、その家族や人生に悩む人々、さらには世界中の人に心豊かで幸せな毎日を送ってもらいたいと、愛と幸せの

7つの法則を届ける活動に取り組んでいます。

「Ｌｏｐｐｙ（ＬｏｖｅとＨａｐｐｙを組み合わせた造語）大作戦」と名付けた活動の一環として、私はグループや個人セミナーも多数開催しています。

セミナーを受講してくれた方の多くが、次のようなポジティブな変化を感じたそうです。

・離婚まで考えていたパートナーと、結婚当初のように仲良くなれた
・したいことが見つかり、勉強を始めて前向きな人生を歩めるようになった
・精神的に不安定で処方薬が手放せなかったのに、周りから「雰囲気が変わり、明るく華やかになった」と言われるようになった
・心の在り方が変わり、生まれ変わったように人生が楽しくなった
・何十年もこじれていた家族との関係が良好になった
・収入が大きく増えた

人は誰でも幸せになるために生まれてきています。そして誰でも「愛されて、夢がどんどん叶う人生を送ることができる」のです。

そう信じているからこそ、私は一人でも多くの方に愛されて、夢が叶う人生

を送っていただきたいと、愛と幸せの7つの法則や実践方法についてセミナーでお話ししたり、インターネットやラジオの番組、ＳＮＳなどでお伝えしたりしています。そして、さらに多くの方が愛されて夢が叶うようになり、愛と幸せに満ち、思った通りの充実した人生を送っていただきたいと、この本を書くことにしました。

愛されて、夢を叶えるために最も大切なのは、愛されて幸せになるための法則を知り実践すること。たったそれだけです。

そうすることで、望むような人生を創造し、日々「愛いっぱい、夢いっぱい、豊かさいっぱい」で暮らしていける。

私はもうすぐ60代ですが、人生、まだまだ発展途上です。

皆さんと一緒に、より楽しく、幸せに成長していきたいと思っています。

一人でも多くの方に、より多くの愛と幸せ、そして豊かさを手にしていただけることを願っています。

宇野美香子

もくじ

Chapter 3　もっともっと愛されるための心構え

Chapter 4　もっと愛されて夢を叶えるためのプチアクション
――自分一人でできるプチアクション――

――人に対して起こすプチアクション――

Prologue

波乱万丈の人生で見えた本当の「愛される力」

芸能界に入って気付いた、人気スターが持つ「力」とは？

はじめに、なぜ私が「愛と幸せ」について深く考えるようになったのか、背景を簡単に説明させてください。

私は18歳になった1982年に「きゃんきゃん」という3人組アイドルグループの一員として、テイチク（現テイチクエンタテインメント）から歌手デビューをしました。

16歳でスカウトされてモデルとして活動し、その後、一緒にお仕事をしたスタッフに紹介されたご縁で、きゃんきゃんは生まれました。

40年以上も前のアイドルについて知っている方は、そう多くないかもしれません。でも、著名な方の名前を挙げると、80年に松田聖子さんが『裸足の季節』でデビューし、同じ年に河合奈保子さん、柏原芳恵さんもデビュー。

81年には松本伊代さん、薬師丸ひろ子さんが登場し、私が歌手デビューした82年には、中森明菜さん、小泉今日子さん、早見優さん、堀ちえ

みさん、原田知世さん、そしてシブがき隊など、今でも活躍されている豪華なメンバーが誕生し、「アイドル黄金期」と呼ばれたのです。

当時も今も「アイドル」として目指すのは、多くの熱烈なファンを獲得することです。私は、芸能界という競争の激しい世界で「ファンにもスタッフにも長く愛されているスターの方には、どんな秘密があるのだろう?」と真剣に探るようになりました。そして、「自分も同じように〝愛される〟アイドルになりたい」という気持ちから、一流の芸能人の方々を観察するようになったのです。

人気があるスターにはそれぞれ魅力があり、個性は大きく異なります。もちろん、お仕事や人生に対するひたむきさなどは、皆さんがお持ちでした。

でも、それ以外に何かあるはず。それは一体なんだろうと考えながら、何度もお仕事で時間を共にさせていただくうちに、たくさんの人に長く愛され続ける方は、皆、同様にある力を持っていることがわかってきたのです。

そのある力とは、単にかわいい、かっこいいなど、外見を整えて手に入るものではありません。もっと強く人を引き付ける、圧倒的なパワーがあり、長く愛し続けてもらえる、見えない力があるのです。

つまずいたり失敗したりしても、「この人なら」と信頼してもらい、描いた夢を応援してもらえる力。そんな力を自分も身に付けたい！と熱望した私は、愛と幸せについて日々深く考えるようになりました。

そして、もしかしたらこうするといいのでは？と思う姿勢や行動を一つ一つまねて実践し、有効なのかどうかの確認をしていったのです。

17歳年上の夫との結婚生活での苦悩

きゃんきゃんの活動では、シングルを4枚とアルバム、ミニアルバムを発売し、NHKの『レッツゴーヤング』、毎日放送の『ヤングおー！おー！』など、数々の人気歌番組に出演しました。

サンヨー食品の「サッポロ一番　カップスター」や、日本メナード化粧品の「フレッシュコロン」、コスモスのミニカーのコマーシャルに出演したこともあります。ドラマにも出演させていただきましたが、残念ながらメンバーとの方向性の違いなどから、きゃんきゃんは1983年に解散しました。

今でもメンバーとは、連絡を取り合っています。私にとって2人は、親友以上の存在です。

そして、夢見ていた芸能界で、思ったように活動できるようになったと感じていた24歳のとき、私は理想の男性と巡り合います。でも、彼は私の父親に年齢が近い41歳。17歳も上で、さらに前妻と別居はしていましたが、まだ離婚が成立していない状態でした。

それでも私は「この人だ！」と感じた自分の直感を大切にしたかったので、芸能界を引退し、一緒に暮らすことを選びました。そして当時、彼が仕事の都合で滞在していたオーストラリアに向かったのです。

彼は私が喜ぶことを何よりも優先してくれ、私の友人や家族も大切にしてくれる理想通りの男性でした。

でも、彼も一人の人間です。誰よりも優しいという良いところだけでなく、人一倍、ささいなことで怒りやすい面も持っていました。

怒りに任せて私に頭からビールをかけたり、冷めてはいたけれど大量に作ったビーフシチューを鍋からすくって投げ付けたりしたこともありました。

もちろん無傷で済むことはありません。投げ飛ばされて指を骨折したり、顔を数針縫ったりしたこともあります。

生まれてから一度も人にたたかれたことがなかった私は、戸惑い、悩みました。

そもそも私は、20代のころは「結婚が人生のゴール」と夢見ていて、理想の相手と結婚したら人生はバラ色ですべてうまくいくと考えていたのです。

夫に頭からビールをかけられるなんて、想像さえしませんでした。

それでも私はなんとか穏やかに幸せに暮らせるよう、心の在り方や夫への対応などをあれこれ工夫し、その過程でまた愛と幸せについて、深く考えるようになったのです。

再デビューを決意したきっかけとなった悲しいできごと

結婚生活で、私は2人の子どもに恵まれました。子どもが幼稚園や学校に通い始めてママ友ができると、家事を手際よく終わらせる工夫や子育てなどについて相談を受けるようになりました。

1人の話を聞くと、「実は、私も」と、話を聞いてほしいという女性が次々と現れます。

そのころは核家族化が進む中で、子育てや自分の生き方について、親などに相談できず悩む人が多かったのでしょう。

そこで当初は一人一人の相談に乗っていたのを、グループをつくって互いに助け合えるようネットワーク化し、リーダーを務めました。

このネットワークでは、参加者それぞれの悩みや課題に向き合い、義務的にではなく楽しく家事をこなす方法から、自分に自信を持って決断をするサポートまで、あらゆる面で女性の生き方を共に考えて成長しました。

そんなやりがいのある役目を持ちながら、家庭も守っていた私に、人生最大の苦難が訪れます。

それは、突然ともいえる夫の死です。

息子の大学入試を控えていた、40代半ばのころでした。1年ほどの闘病生活の後、夫は白血病で亡くなってしまったのです。

さらに、喪失の悲しみに暮れる間もなく、次々と苦難が押し寄せてきました。泥沼の遺産相続問題に巻き込まれたのです。

夫の財産を求める前妻の家族と、4年以上も裁判で争う事態に発展。親しかった人に次々と裏切られるつらい経験をしました。

さらに、やっと遺産相続問題が落ち着いたころ、私は投資詐欺に遭ってしまったのです。

そんな私を支え、励ましてくれたのが、女性のためのネットワークのメンバーでした。

それなのに、グループの中で身近な存在であった女性が、30代の若さで乳がんを発症。病気に対するケアだけでなく、心の在り方も模索しながら共に頑張りましたが、残念なことに7年にわたる闘病の末、亡くなってしまいました。

まだまだ伝えたいことや話したいことがたくさんあったのに、無念で仕方ありませんでしたし、自分の力不足も感じました。

そんなとき、私の大切にしている「経営者の学びの会」で、歌を通じて発信したらどうかと提案されます。

しばらく考えた結果、私はもっと多くの人の力になるために、自分が好きで得意でもある「歌を通じて、世の中に愛と幸せを広げよう」と決意します。そして２０１３年に49歳で再デビューすることを決めたのです。

歌手として「愛と幸せ」を伝える活動に励む傍ら、誰もが愛と幸せを手に入れられるように、世の中の仕組みや古くからの言い伝え、最新の量子力学までを学びます。

そして、やっと自分なりに系統立ててお伝えできる「愛と幸せの７つの法則」にまとめ上げることができたのです。

ここまでお伝えしてきたように、私は成功だけなく大きな失敗も、そして喜びと合わせて悲しみやつらさも、人一倍味わってきました。

だからこそ、愛と幸せについて考える機会をたくさん得ることができ、誰にでも実践できる形にまとめることができたと思っています。

でも「愛される力」は、私のように波乱《はらん》万丈な人生を送り、たくさんの課題に直面しなければ手に入れられないものではありません。

むしろ、皆さんにはつらさや苦しみを味わうことなく、もっとラクに愛される力を身に付けてほしいと思っています。

この力は、人気が必要とされる仕事をする人だけが持つべきものでもありません。日々を暮らす私たちこそ、愛される力が必要です。

悩みの多くは、人間関係です。最も身近なパートナーや、大切な人とのつながりに問題を感じる人はたくさんいます。

家族や友人などの周りの人に愛されていることを実感しながら、心豊かに夢を実現していく。愛される力が身に付けば、そんな人生が手に入ります。

では、次章からそんな愛される力を身に付けるための基本である、愛と幸せの7つの法則についてご説明しましょう。

Chapter 1

「愛と幸せの7つの法則」とは

日々の生活で心がける
「愛される」ための基本姿勢

私が考える「愛と幸せの7つの法則」とは、

1　自分から笑顔のあいさつをしています
2　心も体も身の回りも美しいです
3　みんなの幸せを真心から祈っています
4　起きるできごとはすべて「自分発振」だと捉えています
5　小さな親切をしています
6　自分を大切にしています
7　大切な人に愛を伝えています

だとお伝えしました。

私はこの7つは、愛される力を身に付けるための基本姿勢だと考えています。

この7つを心がけて暮らすことで、誰からも愛され、そして、自分からも広く愛を発振できる「愛され体質」に変わっていくからです。

もしかしたら、この7つの法則を読んで、「自分から笑顔のあいさつを〝しています〟」ではなく「あいさつをします」とか、「心も体も身の回りも〝美しいです〟」ではなく「美しくします」などというのが、表現として正しいのではないかと思う方もいるかもしれません。

でも私は、あえて「自分から笑顔のあいさつをしています」「心も体も身の回りも美しいです」という、状況を現在進行形で表現します。

なぜなら「今、そうである」と言うことで、脳は「あ、そうだったんだ。では、そうしよう」と、言葉を素直に受け止めるからです。そして、実現する方向に向かうよう導いてくれ、自然と「できている自分」になれるのです。

愛と幸せの7つの法則は、すべてを日々完璧に行わなければならないわけではありません。どんなことでも、毎日完璧にしようとするとストレスになり、続けるのが難しくなるでしょう。

できないときがあっても大丈夫。

「今日は疲れていたからできなかったね」

「大変だったのに、ここまでしてえらかったね！」

と、自分をありのままに受け止めてください。

そしてまた「明日から頑張ろう」と、新たな気持ちで実践していけばいいのです。

私は、三日坊主は素晴らしいことだと思っています。なぜなら、新しいことをスタートしたからこそ三日坊主になるからです。

三日坊主を10回続ければ、1カ月継続したことになります。そう考えると気持ちがラクになるでしょう。

休み休みでもいいのです。脳は急激な変化を嫌います。いつもと同じ状態を維持しようとするのが、脳の基本的な働きだからこそ、だましだ

ました、少しずつ続けることで、いつの間にか習慣となっていくはずです。

愛と幸せの7つの法則も、たとえサボることがあったとしても、やめずに継続することで、歯磨きやお風呂に入るのと同じように、当たり前の習慣になっていく。そして、意識しなくてもできるようになっていくにつれて、「愛され体質」に変わっていくのです。

では、愛と幸せの7つの法則がそれぞれ、どうして大切なのか説明していきましょう。

1 自分から笑顔のあいさつをしています

「自分から笑顔のあいさつをしています」には、重要なポイントが2つあります。

1つ目は「笑顔で」あいさつをするという点です。誰でも人の優しい笑顔を見れば癒やされますし、元気になりますよね。

暗かった部屋に電気がついて、パッと明るくなるときのように、笑顔の人がその場にいると雰囲気がガラッと変わります。

科学的にも、人の笑顔は周囲に伝染するといわれています。

そもそも笑顔になると、エンドルフィンという神経伝達物質が分泌されます。エンドルフィンは気分を高揚させたり幸福感を与えたりする作用があり、あなた自身の気分を良くします。

そして、人の笑顔につられて笑顔になった人の脳内でも、エンドルフィンが放出され、同じように幸せな気分になるのです。

ですから、せっかくあいさつをするのであれば、笑顔を忘れずにいてほしいのです。

2つ目は、「自分から」積極的にあいさつをするという点です。多くの人は、相手から「おはようございます」「こんにちは」などと言われて、初めてあいさつを返します。

愛される力を手に入れるためには、人からあいさつされるまで待つのではなく、自分から先に声をかけてほしいのです。

いつも行くコンビニで顔なじみの店員さんに会ったら、道で知り合いとすれ違ったら、オフィスに到着したらなど、どんなときでもです。

あいさつは単なるマナーではありません。自分から声をかけることは、心を開いて相手を認めるサインになります。

相手からあいさつをされて、気分が悪くなる人はいませんよね。私は自分から笑顔のあいさつをすることは、昔話の「花咲かじいさん」に出てくるおじいさんが、枯れ木に灰をまいて花を咲かせるようなものだと思っています。

笑顔を振りまくことで、人の心にパッと美しい花を咲かせて、穏やかで幸せな気持ちになってもらう。自分からあいさつをするのに、ちょっと勇気が必要だと思う人もいるかもしれません。

でも、自分から声をかけることで、相手と心が通い、親しみを感じてもらえます。そして、あなたが「自分から笑顔で」その人の目を見てあいさつをすることで、周りに愛と幸せを広げられるでしょう。すてきなことですよね。

☆自分から笑顔であいさつをするコツ☆

①鏡の前で笑顔の練習をする
私は子どものころに通っていた教会で、「笑顔であいさつをすると神様が喜ぶ」と教わり、笑顔を意識するようになりました。また、アイドルになってからは、より笑顔でいることを心がけるようになりました。

多くの人は、アイドルはもともとファンの心をつかむチャーミングな笑顔を持っていると考えるかもしれません。

でも実は、ほとんどのアイドルは笑顔の効力を知っているからこそ、鏡の前でほほ笑む練習をしています。

何度も「素晴らしい笑顔を持つアイドル」になりきって、ほほ笑む表情を繰り返すことで、最高の笑顔が自然と出るようになるのです。

皆さんも一度、スマートフォンで話をしているときなど、鏡で自分の表情を見ることをおすすめします。

自分は笑顔でいるつもりでも、眉間にしわが寄っていたり、つまらなそうな顔をしていたりすることもあるでしょう。

自分も周りもハッピーにする笑顔とはどんな表情なのか、鏡を見ながら練習しておくといいでしょう。

②気分が落ち込むことがあっても、気持ちを切り替える練習をする

いくら笑顔が大切だとわかっていても、人の言葉にイラッとしたり傷ついたりするなど、気持ちがざわつくこともあるでしょう。

そんなとき、笑顔でいるのは難しいかもしれません。でも自分なりに気分を切り替える方法を持っていれば、いつまでも険しい表情でいなくて済みます。

簡単なのは、場所や環境を変えること。ちょっと移動するだけで、気持ちの切り替えがしやすくなります。

たとえば上司に怒られたときは、コーヒーを飲みに席を離れたり、昼休みに外を散歩したりするのもいいでしょう。

家で家族とけんかしたときは、違う部屋に行ったりしますよね。その場から離れることで、気分も変化します。

場所を変えられないときは、その場で深呼吸を数回してみるだけでも、乱れていた心がずいぶん落ち着きます。

科学的にも、意識して呼吸を深めていくと自律神経が整って心がリラックスし、脳に酸素が送られて頭がすっきりし、ストレス解消になるといわれています。

環境が許せば、好きな香りのアロマをたくのもいいでしょう。きれいな風景やかわいい動物などの癒やされる写真や恋人の写真を眺める、お守りを握るなど、自分の好きな物や安心する物を身の回りに置くのも効果的です。

可能であれば、顔を洗ったりメイクを直したり、ストレッチをしたりするのもいいでしょう。好きな音楽を聴く、歌う、ダンスなど体を動かすのも良い気分転換になります。


何をすれば自分が瞬間的に気持ちを入れ替えられるか、ワクワクした気分になれるか、探ってみましょう。

「好きなことリスト」を作っておくと、それを実践すればいいのですぐに取り組めます。

自分なりの気分転換法が複数あると、気持ちよく笑顔になれる時間が増えてくるはずです。

②

心も体も身の回りも美しいです

「心も体も身の回りも美しいです」とは、自分の内側と外側、身に着ける物や生活する空間まで、好ましい、理想とする状態を維持するよう心がけましょうということです。

私はなぜ、ここで「心も体も身の回りも〝良い状態〟にします」とか、「健全にします」という言葉ではなく、「美しいです」という言葉を使ったのでしょう。

「美しい」とは単に見た目が整っているだけでなく、調和が取れて心地よく感じる状態。心と体、身の回りを清潔に整えるだけでなく、自分も周囲も好ましく感じるような状態を目指しましょうということなのです。

もう少し詳しく、わかりやすく説明しましょう。

まず「心」が美しい状態は、自分に愛を持ち、さらに人に対する思いやりと寛大さを持っていることだと私は考えます。

次に「体」については、両親から授かった体に感謝し、良い状態に保つよう、食事や運動、清潔にすることなどに気を使うことです。

ここでいう「身の回り」は、住む家や部屋だけでなく、仕事をするオフィスのデスクやパソコンのデータ、車の中、バッグの中身まで、あなたを取り巻く環境すべてを指します。

身の回りすべてを心地よい状態に整えることが「美しくする」ことだと私は考えます。美しくあろうと懸命に自分を磨く姿は、多くの人を引き付ける大きな要因です。

アイドルなど芸能界で生きている人は、ほとんどが「いつ、どこで、誰に」見られても自信を持って振る舞えるよう、心も体も身の回りも美しくするように心がけています。

美しくすることとは、理想の姿を完璧に実現することではありません。

心も体も身の回りも美しくしようとする姿勢を忘れない、あきらめないことが大切なのです。

☆心も体も身の回りも美しくするコツ☆

①小さな目標を決める

心も体も身の回りもと考えると、するべきことがたくさんあるように思えて圧倒されるかもしれません。でも、これは1週間や1カ月といった短期間ではなく、一生続けていく「愛される」ための基本の姿勢です。

ですから、慌てずに少しずつ、自分なりにできることから始めていけばいいのです。

たとえば忙しいときに話しかけられて「何?」と険しい声を出してしまうようであれば、「今週は『ちょっと待ってね。あと5分で落ち着くから』と穏やかに応える」など、期間を区切って目標を決めるのでもいいでしょう。

「クローゼットの引き出しを1段、今週は徹底的に整理する」と決めるのもいいと思います。「今週はいつも2分の歯磨きを、5分かけて丁寧に磨く」でもいいです。

そうした小さな目標を決めて日々積み重ねていくことで、心も体も身の回りも美しくする習慣が、少しずつ身に付いていくのです。

そして、小さな目標を決めたら「穏やかに応える自分」や「丁寧に歯磨きをする自分」をイメージし、理想の姿になり切ると楽しみながら達成することができるでしょう。

②できない日があっても自分を責めない

いつも心も体も身の回りも美しい、理想の自分であろうとするのは難しいかもしれません。

私も忙しいときは部屋が散らかることがありますし、人の言動にイライラして思いやりに欠けてしまうことがあります。そんなときは、休んでもいいのです。そして自分を「なんて駄目なんだ」などと責めないで

ください ね。

そんな日もあっていいのです。先にもお伝えしたように、三日坊主だって10回続けば30日です。

できなかった日の翌日から、またこうありたい自分の姿を目指して行動していきましょう。

3

みんなの幸せを真心から祈っています

「祈る」という言葉には、神様や仏様に願い事をするだけでなく、心から望むという意味があります。つまり「みんなの幸せを真心から祈っています」には、自分や周囲の人だけでなく、この世に生きる人、すべての幸せを願う心を持ちましょうという思いが含まれています。

なぜ、世界中の人の幸せを願うと「愛される力」が身に付くのでしょう。皆さんは、「他人の幸せを願う人ほど、幸せになれる」という実験結果があるのをご存じでしょうか。

アメリカのアイオワ州立大学で500人近い学生を対象に行われた、珍しい実験があります。

学生を4つのグループに分けて、10分ほど大学構内を歩いてもらいます。この間、すれ違う人に対して①から④のように考えるよう、指示を出します。
①その人に幸せになってほしい
②その人と自分にどんな共通点があるか
③その人より自分に優れている点があるか
④その人の服装や持ち物について
実験の前後に不安やストレス、幸福度などが変化したかをスコア化します。

結果は、個々の性格に関係なく「相手の幸せを願った」グループ①の幸福度が一番高く、不安が減少しました。

物体の振動によって波ができて音が伝わるように、私たちの思考にも波があることがわかっています。つまり、人類すべての幸福を祈る心を持つことで、良い思考の波が生まれ、私たちを包むのです。

『バイブレーショナル・メディスン』(リチャード・ガーバー、日本教文社)では、祈る行為が呼吸や心拍数、二酸化炭素の排出、酸素の消費を抑え、気持ちを安定させるといっています。

また、相手のために祈ることで起きる効果を測定する実験が、アメリカのカリフォルニア大学で行われました。

400人近い心臓病患者を2つのグループに分けて、1つのグループには毎日、回復するよう他の人たちから祈りを送ってもらいました。すると、そのグループで病状が悪化したのは9人でしたが、祈りを送られなかったグループでは48人もが悪化したといいます。

誰でも、不平や不満を持っている人より、穏やかで幸せそうな人に引かれますよね。祈るという、良い思考の波を発する幸せな人は、周りもハッピーにし、さらに愛されるようになるのです。

☆みんなの幸せを真心から祈るコツ☆

①感謝の気持ちを持つ

感謝は、祈りそのものです。よく「ありがとうの反対語は、当たり前」などといわれます。今、目の前にあることを当たり前と受け取り感謝しないのは、祈りの心を忘れていることにつながるのです。

幸せになるための具体的なアクション（123ページ）では、感謝リストを作ることをおすすめしていますが、ちょっと意識するだけで日々の生活で、いくらでも感謝できることは見つかります。

たとえば、電車が定刻通りに動いていること。クリーンな水が飲めること。住む家があることや、スマートフォンが使えることだって、もしなかったら?と考えると、感謝の対象になるでしょう。

生きていることに感謝する、家族や友人がいることに感謝するなど、あらゆることに感謝の気持ちを持つことが、無意識のうちに「みんなの幸せを真心から祈る」ことにつながるのです。

②祈り方は自由でいい

祈り方に決まりはありません。ベッドに横になったままでも、通勤電車の中で立ったままでもいいのです。目を閉じる、閉じないも、しやすいほうを選んでください。

特定の言葉を使う必要もないですし、誰に祈るかも、あなたが信じられる対象で構いません。神様、仏様、天、太陽でもいいのです。声に出しても、心の中で祈りの言葉をつぶやくのでも大丈夫です。

大切なのは、感謝の心を持ち「この世に生きるものが、すべて幸せでありますように」「みんなが楽しく幸せでいられますように」など、自分や家族、仲間、そして他のすべての人の幸せを心から願うことです。

幸せで喜んでいる人の顔を見るのは、誰でもうれしいはずです。その気持ちを持って、愛を込めて祈りましょう。

③朝目覚めたときなど時間を決める

祈る習慣がない場合、取り組みやすいのは時間や場所を決めることです。「朝、目が覚めたベッドの中」「お風呂に入っているとき」「夜、眠る前に」などと決めることで、習慣にすることができるでしょう。

祈りの時間は、短くても大丈夫です。「世界中の人が幸せでありますように」など、自分の決めた言葉を数回、繰り返すだけでもいいですし、何秒か目を閉じて祈るのもいいでしょう。

④

起きるできごとはすべて「自分発振」だと捉えています

「起きるできごとはすべて『自分発振』だと捉えています」とは、「人生で起こることは、すべて自分が引き起こしたもの」だと考えることです。

「愛と幸せの7つの法則」で一番、習慣にするのが難しいかもしれません。なぜなら、多くの人はうまくいかないことがあると、ついパートナーや上司、社会、環境など「何かのせい」にしがちだからです。

実は、私たちは生まれる前に、自分で人生のストーリーを決めています。脚本を書き、主演・監督すべてを自身が担当します。ですから演出上、喜びも悲しみも必要ですし、乗り越えられない試練はないのです。

時には、ジェットコースターやお化け屋敷で、あえてスリルを味わおうとする人もいるのではないでしょうか。喜びばかりではドラマティックになりませんよね。ただ幸せなだけの平穏な映画では、感動がないのです。

重要なのは、「自分にとって感動的なドラマにしよう」と考えることで、自身の人生に積極的に関わろうとする姿勢です。

特にネガティブなできごとについては、「こんなつらいことが起きるのは、私のせいじゃない」と言いたくなるのもわかります。

でも、たとえどんなにつらいことも「自分発振」だと考えられれば、「起こしたのが自分であれば、変えられるはず」と思えます。そして、真剣にどうすれば人生が良くなるのか考え、向き合っていけるのです。うれしいこと、楽しいことだけでなく、「上司に怒られた」「自転車で転んでけがをした」といったことまで自分発振と考えるのは、なかなか難しいかもしれません。

上司に怒られたとき、「いつもイライラしている上司で運が悪い」と思うと落ち込みますし、相手を嫌う気持ちは伝わりますから、関係はぎくしゃくするでしょう。

でもすべて自分発振で作り出しているのだと考えると、「私がいつも同じ間違いをしているから怒られたんだな」「黙って成績だけ下げられるより、注意してもらえてよかった」などと気付き、成長できます。

また自転車で道路の縁石につまずいて転んだときは、「周りの様子に気を配れていなかったのでは？」と思えば、次から気を付けるようになり、おかげで大きなけがをせずに済んだと感謝するできごとに変えられるでしょう。

運の良しあしは、心の在り方次第でどちらにもなります。「転んだけど、擦り傷で良かった。骨でも折れたら大変だった」と思えれば、むしろ運が良かったといえます。そう考えられれば、幸せな気持ちで1日を過ごせるでしょう。

私の場合、「起きるできごとはすべて『自分発振』だと捉えています」と意識するようになり、目の前のできごとはどんなことでも自分が心の奥底で望んでいたのかもしれない、と考えるようになり、本当の気持ちと深く向き合うことができるようになりました。

「引き寄せの法則」という言葉がありますが、私たちの心の動き、感情は強力な磁石です。喜んでいると、良いことが次々起こりますし、苦しむとよりつらいできごとを引き起こし、嫉妬すればよりねたみを招く状態を引き寄せます。

たとえば上司に怒られたら、「もしかして私が怒ってもらうことを望んでいた？」と自分に問いかけると、しばらくして「もっと表をまとめるのがうまくなりたいと願っていたから、成長できるように怒ってくれたのかもしれない」などと答えが浮かんできます。

そして相手を恨むより、自分の本当の願いに沿って「よし、表をまとめるのを練習しよう」と、前向きに考えることができるのです。

☆起きるできごとはすべて「自分発振」だと捉えるコツ☆

①できごとに「良い悪い」はないと知る

最大のコツの一つが、できごとに「良い悪い」はないと知ることです。たとえば、朝起きて雨が降っていたとします。事実は単に雨が降っているだけであり、適度な雨は植物や農作物にとって恵みです。ほこりが落ち着いて空気もきれいになります。

それをついてないと決めるのは、一つの捉え方です。

また、たとえ会社を首になったとしても、客観的な事実は「会社を解雇された」ということ。良いことでも悪いことでもないのです。

もしかしたら、首になったことで必死に就職活動をし、思ってもみなかった好条件の仕事が見つかるかもしれません。良いか悪いかを判断するのは、起きたことに対する受け取り方や考え方次第、つまりあなた次第です。

つい、自分発振じゃないと思いたくなるような嫌なできごとも、本来は良くも悪くもない、ただの事実があるだけなのです。

世の中で起きることすべては、根本的に良い悪いはないのです。そう考えられるようになれば、どんなことが起きても、何かのせいにするのではなく自分発振と考えやすくなるのではないでしょうか。

②自分発振だからこそ、願いは叶う

「類は友を呼ぶ」という言葉を聞いたことがあるでしょうか。同じような考えや性質を持った人は、自然と集まるという意味でよく使われます。

私はこの言葉は人間関係だけでなく、物やできごと、人生に起きるすべてのことに当てはまると考えます。

たとえば、大学受験を目指す人の周りには、同じように受験をしようとする友人が集まりますし、海外に留学しようとする人は、日本の外に目を向ける人と仲良くなるでしょう。

明るく楽しい人の周囲には、同じように前向きで楽観的な人が集まり、どんなことが起きてもポジティブに受け止めて前に進むため、良いことが起こり続けます。

一方で、いつも何かのせいにするような人は、集まって悪口ばかり言っているため、どんどん運気が落ちていきます。

このようになる最大の要因は、実は私たちの感情です。私たちの意識には、「顕在意識」と「潜在意識」の2つがあると聞いたことがある方も少なくないでしょう。

顕在意識とは「あれをしないと」「お風呂に入ろう」「あの人は、こんなタイプだな」などと、考えたり選択したり判断したりする意識のことです。

一方で潜在意識は、日頃は意識することのない無意識のこと。いつも同じ側から歯を磨いたり、転びそうなときにとっさに手を突いたりする動作は、無意識に刻み込まれた行動です。

両者のバランスは、およそ1対9といわれ、潜在意識が大きく現実に働きかけています。

そして、人間の感情はダイレクトに潜在意識に届くため、心の状態がそのまま今の状況をつくるようになるのです。つまり「人生で起こることとは、ほとんどが自分の感情が引き起こしたこと」だといえるでしょう。だからこそ、自分の心をいつも良い状態に整えることで、喜びや幸せといった現実が実現します。私は、起きるできごとすべてを自分発振だと捉えるのは、自分の心を良い状態になるよう、大切に扱うことにつながると考えます。

何が起きても、周囲の人や環境のせいにせず、自分発振であるのだと考えて、心を落ち着けて整えていく。自分の心をケアし、平穏な気持ちを手に入れることで、発振するものが喜びや幸せに変わり、現実も変化していくのです。

5

小さな親切をしています

「愛と幸せの7つの法則」の5つ目が「小さな親切をしています」です。ここであえて、〝小さな〟親切としたのは、「人に親切をする」というと、難しく考える人が多いからです。

小さな親切は、必ずしも信号を渡ろうとするおばあちゃんの手を引いたり、重そうな荷物を持って階段を上ろうとしている人を助けたりなどと、人に働きかけることばかりではありません。

ランチを食べたお店でお皿を片付けやすいようにしたり、スーパーで床に落ちている商品を拾って棚に戻したりするのも、立派な親切です。友人が旅する先の情報を教えてあげるのも親切ですし、好きだと言っていたハーブティーをプレゼントするのも親切です。

ドイツの詩人、ヨハン・ヴォルフガング・フォン・ゲーテは「親切は、社会をつなぐ金の鎖である」と言ったそうです。

愛される力を高めるには、気負わずに小さな親切をしていきましょう。

世の中は、自分から愛を発すれば愛が育って戻ってくるようになっています。つまり愛される力を身に付けたいのであれば、小さな親切という愛を自分から発することが大切なのです。

☆小さな親切をするコツ☆

①人に関心を持ち、
相手が喜ぶことを考える

親切をすることに対して、「どんなことをしたらいいのだろう」と身構えてしまう人は、「相手が喜ぶこと」を考えると取り組みやすいかもしれません。

まずは身近にいる家族や同僚などから始めるといいでしょう。その日に会う人を思い浮かべて、一人一人に何をすれば喜んでもらえるか想像してみてください。

相手が喜ぶ何かを見つけるためには、人に関心を寄せることが欠かせません。

あらためて、この人は何をされたら喜ぶかを考えてみると、長い時間を一緒に過ごしている家族や同僚でも、実はよく知らなかったということに気付くかもしれませんね。

パートナーが好きな銘柄のビールを買って帰ったり、同僚の苦手な作業を手伝ってあげたりなど、相手の立場になって喜んでもらえそうなことを実践してみましょう。誕生日にちょっとしたメッセージを送ったり、顔色が悪かったら気遣いの一言をかけたりするのもいいですね。

②笑顔やポジティブな言葉でOK

家族や同僚の喜ぶことを考えて実践したはいいけれど、2日目、3日目になるとアイデアが出尽くしてしまい、どうしたらいいかわからない。「小さな親切」に慣れないうちは、そんなこともあるかもしれません。

どんな人に対しても、相手を喜ばせるためにその場ですぐできるのが、笑顔やポジティブな言葉をかけることです。

「おはようございます」と元気にあいさつをしたり、「シャツの色、よくお似合いですね」と笑顔で相手を褒めたりすることも立派な親切です。

愛と幸せの7つの法則の1つ目、「自分から笑顔のあいさつをしています」も、自分から愛を広げて人を喜ばせていますから、小さな親切の一つだといえるかもしれません。

6

自分を大切にしています

「愛と幸せの7つの法則」は、愛され体質に変わる習慣を身に付けるためのものです。実は7つのうち、多くの人ができていないのが、この「自分を大切にしています」です。

私がそう言うと、驚く人が少なくありません。でも、日々すべきことに追われ、自分をすっかり置き去りにしている人が多いのです。

私は「自分を愛して初めて人に愛されるようになる」と考えています。なぜなら、自分自身を「愛すほど価値がある」と認めるからこそ、他の人からも同じように思ってもらえるためです。

自分が「愛していない私」を、他の人に愛してもらおうとするのは、あまり気に入っていない物を見せて、「どう、これいいでしょう?」と押し付けるようなもの。

あなたが本心から気に入っていなければ、他の人の心を動かすことは

できませんよね。
学芸会で宝箱とごみ箱の役があるとしましょう。宝箱にはうれしい、楽しい、大好きなどのハッピーな気持ちがどんどん入ってくる一方で、ごみ箱には文句や愚痴、「どうせ自分なんて」といったさげすみや自己否定の気持ちが捨てられてきます。
どちらの役を演じたいか聞かれたら、誰でも宝箱と答えるでしょう。そんな宝箱の役を自分に与えてあげるのが、自分を認めて愛することなのです。
「私はまだまだ」「もっとこうしないと」などと、自分に厳しい人が少なくありません。そうして足りないところばかりに目を向けて、自分を認めてあげないのです。

でも、人は一人一人が生まれながらにして愛される存在です。誰でも今のままで、愛される価値があるのです。

だから、自分に厳しくし過ぎないでください。自分で自分を甘やかすくらいがちょうどいいのです。私は自分がワクワクすることや心地よいことをたくさんして、ご機嫌取りをしたり「私ってすごいじゃん！」とささいなことでも褒めたりしています。

自分を大切にするというと、「そんな自分勝手なことできない」「わがままになるということ？」と考える、謙虚な人が少なくありません。

自分を大切にするということは、何もかも自分の思い通りにしようとする意味ではありません。

自分の心をそのままに受け止め、励まして、自分を喜ばせること。そうして、愛すべき存在、たとえばペットや子どもの面倒を見るように、自分の面倒もしっかり見てほしいのです。

自分がハッピーな気分になれれば、心が穏やかになり、人に対して、思いやりの心を持つことができるでしょう。無理をして良い人にならなくても、自然と笑顔が出たり、親切にしたりできるはずです。

自分を大切にして、自分自身を愛で満たして初めて、人を愛し、人に愛されるようになるのです。

子どもが「なんて自分は駄目なんだ」と落ち込んでいたら、親は悲しみます。自信があれば安心するでしょう。自分自身も、わが子のように思ってください。

☆自分を大切にするコツ☆

①自分の良いところを認めてあげる

なかなかありのままの自分を「すごい！」と認めることができない。過去に叱られた、バカにされたといったできごとばかりが頭に残って、駄目な自分のイメージができあがっている。そんなときは、徹底的に自分の良い面に目を向けて、それをリストアップしましょう。

「美しい字を書ける」「動物に好かれる」など、どんな小さなことでもいいので、自分の良さを思い付く限り書き出します。子どものころでも、大人になってからでも構いません。「きれい好き」「ママ友に自分からあいさつする」など、人に褒められたことを思い出してみるのもいいでしょう。

書き出したリストは、人に見せるわけではありません。遠慮なく、自分の良いところを探してください。

「パソコンが得意といっても、Aさんに比べると……」など、誰かと比較せず、どんどん挙げてくださいね。

100個書き出すなど、数を決めるのも効果的です。20個くらいはスラスラ書けても、それで詰まってしまうことも多いもの。でも「100個出すまでやめない」と決めれば、自分のあらゆる面に目を向けて良いところを見つけ出そうとするでしょう。

仲良しの友達と一緒に、互いの良いところをゲーム感覚で出してみるのも楽しいかもしれません。6人いたら、1人に対して20個ずつ良いところを挙げれば100個になります。

そうして作ったリストは自分の宝物です。すぐに捨ててしまわずに、持ち歩いて何度も見返してください。少しずつ「自分にも良いところがたくさんある」と、自信が身に付きます。

②好きなことをする時間をつくる

自分を大切にするコツの2つ目は、1日のうち少しでもいいので自分の好きなことをする時間をつくることです。

私がそうお伝えすると、これまで長い間、自分に優しくしてこなかったために、「何をしたらいいかわからない」という方がいます。

難しく考えなくて大丈夫。ちょっと高価なチョコレートを1つ買ってゆっくり味わう。ひたすら好きなアイドルの動画を見まくる。良い香りのバスオイルを入れたお風呂に浸かる。昔、好きだった漫画を読む。

簡単にできることから始めましょう。自分だけのための時間をつくることで、「自分にはこうして大切に扱う価値がある」と無意識に思えてくるでしょう。そして、好きなことをするのに慣れて、少しずつ自分を大切に扱えるようになったら、今まで時間や経済的な理由で「無理」「できない」と思っていたことにチャレンジする方法を考えます。

ある女性の例です。彼女は一人旅をしたいとずっと思っていたけれど、娘や夫の生活を考えるとどうしても言い出せませんでした。でもあるとき、一人旅する女性の動画を家族とインターネットで見ていたときに、「私も行ってみたいな」とつぶやいたのです。

すると、娘も夫も大賛成。その間の食事はデリバリーなどにするから大丈夫、と言ってくれたのです。費用は満期になった保険から出していいと言われ、夢だった京都旅行に1人で出かけました。

できない、無理、と決め付けずに、課題があっても乗り越えて、やりたいことをしてみる。それは決して、わがままではありません。

自分の人生です。したいことが実現できれば、環境や周囲に感謝の気持ちが生まれますし、他の人のしたいことも、心から応援してあげられるようになるでしょう。

7

大切な人に愛を伝えています

私たちは、親しくて大切な人だからこそ、照れてぶっきらぼうになったり、身近にいてくれる大事な存在を後回しにしたりしがちです。でも、いつも雑に扱われていたら、いくらあなたのことを愛している人でも、心が離れていってしまうでしょう。

大切な人に愛を伝えるのは、「愛される力」を身に付けるための大切な基本姿勢です。

簡単そうに思えますが、多くの人ができていそうでできていないことです。何も毎日のように、友人やパートナー、子どもに愛していると伝えなければならないわけではありません。さりげない言葉や態度で、いくらでも愛を伝えることはできます。

たとえば、当たり前のように荷物を持ってくれるパートナーに「いつもありがとう」と言う。困ったことや悩んでいることがあると、すぐに駆け付けてくれる友人に「おかげで助かっている」と伝える。相手が落ち込んでいたら、肩をたたいて励ましたり、そっと手を握ったりするのも愛情表現の一つです。

毎日一緒にいる家族に、笑顔で「おはよう」とあいさつするのもいいでしょう。しばらく会っていない友人に、「どうしてる?」と連絡をしたら喜んでくれるはずです。

LOVEの語源は、Listen(聞く:単に話を聞くだけでなく、目と耳と心で聴く)、Overlook(長い目で見る:その場で判断せず、背景なども見る)、Voice(声をかける:調子はどう、大丈夫?などと聞く)、Excuse(許す:広い心を持って相手に接する)だと聞いたことがあります。

直接愛してると言わなくても、相手の話を真剣に聞いたり、こまめに声をかけたりする。広い心を持って、その場で判断せず長い目で見守ることも愛情表現の一つといえるでしょう。

「家族だからわかってくれているはず」「友達だから大丈夫」などとな

おざりにするのではなく、身近な人だからこそ心を込めて愛を伝えていきましょう。

人々のために生涯をささげて働き続け、1979年にノーベル平和賞を受賞したマザー・テレサは、「世界平和のために何をしたらいいか」と聞かれたときに、「家に帰って、家族を大事にしてあげてください」と答えました。

大きなことを成し遂げようとするなら、まず目の前にあることから一歩一歩進んでいく。世界平和を目指すなら、今そばにいる人を笑顔にする。そこから幸せは広がっていくのだと、マザー・テレサは言いたかったのだと思いますし、私も同感です。

同じように、まずそばにいる人を大切に、愛を表現することで、愛される力が高まっていくのです。

☆大切な人に愛を伝えるコツ☆

①相手の良いところを見つけて褒める

いくら本当の気持ちでも、言葉で好きや愛してると言うのは照れくさいという人は少なくないでしょう。そんな人は、相手の良いところを見つけて、褒めるようにしてみてください。

相手を褒めるのは、小さな親切でもあり、愛を伝えることです。

私は人と接していて「この人のここが本当にすてき！」と思ったら、すぐに褒め言葉として伝えるようにしています。

「集中力がすごいですね」「周囲への気配りがすてきです」「いつも丁寧に作業をしてくれてありがとう」など、相手をよく見ると、褒めるポイントはいくらでも見つかります。

特にこれまであまり褒めようなどと思っていなかった家族や身近な人をあらためて見直すと、たくさん見つかるはずです。

「料理が上手」「笑い声を聞いていると、こちらまで楽しくなる」「きれい好き」など、言葉で伝えましょう。

初対面で、性格などがよくわからない場合、服や髪型など目につくところを「すてきなブラウスですね」「髪の毛がきれいでうらやましい」などのように、褒めてみるといいでしょう。「どんなお手入れをしているの？」「良いシャンプーとトリートメントを教えて」などと質問すれば、お相手は心を開いてくれるでしょうし、それは愛が伝わった証拠です。

相手は「認められている」「受け入れられている」と感じ、あなたの好意が伝わるはずです。

ポイントは、本当に「いいな」と思ったところを褒めること。「褒めなきゃいけない」と、無理にする必要はありません。あくまでも、相手に愛を伝える方法の一つと考え、褒めるところが見つけられなかったら他の方法を取ればいいのです。

③プチギフトを渡す

愛情を伝えようとするとき、なんらかの行動で表現するのも、とても効果的です。

私はよく親しい人にプチギフトをお渡しします。千円程度の物なら気軽に差し上げられますし、受け取ったほうもさほど気を使わないでしょう。旅行や出張先のお土産なら構えることなく、気軽に渡せますね。

皆さん、とても喜んでくださいますし、渡した物がきっかけで話が弾んだり次に会う機会につながったりします。

家族の好きなケーキや友人の好きなブランドのハーブティーなど、相手の好きな物を誕生日などではない、なんでもない日に贈るのもいいでしょう。

記念日などではないほうが、いつも気にかけているという気持ちが伝わりやすいこともあるからです。

プチギフトを差し上げて喜んでもらうには、「あの人はこんな物を喜びそう」「これ似合いそう」「これが好きだと言っていたから買っていこう」など、相手のことを考えますよね。そんな時間も幸せですし、相手に渡して喜んでもらえたら、こちらまでうれしくなります。

さまざまな形で愛を伝えることで、愛情ある関係が続いていくのです。

Chapter
2

愛されて夢を叶えるための13のアクション

「愛と幸せの7つの法則」を基に、日々をどう暮らしたら、もっともっと愛されて願いが叶うようになるのか、具体的なアクションをご紹介しましょう。

あなたはもしかしたら「7つの法則だけでも盛りだくさんなのに、これ以上まだすることがあるの?」と、心配になったかもしれません。でも大丈夫。ここからお伝えするアクションは、あなたが今望んでいることを叶えるための願望別の行動です。

叶えたい願いだけに集中して取り組んでください。実現したいことが複数ある場合は、同時進行で取り組んでも大丈夫です。

私が実際に試行錯誤しながら願いを叶えたものばかりですから、ぜひ楽しみながら行ってくださいね。

「夢を叶える」ためのアクション

① まず、夢を持つことから始めよう！

夢を叶えるためには、夢を持つことから始まります。

夢を持ち、希望にあふれている人の目は、本当に輝いています。「将来サッカー選手になる！」と、一生懸命練習する子どもたち。「世の中の役に立つ製品を作りたい」と、希望に燃える若者たち。

夢を持つことに年齢は関係ありません。「趣味のダンスがもっとうまくなりたい」とレッスンを受けて練習する、リタイア後の人たちだって輝いています。

いくつになっても、夢を見ることや夢が叶うことは楽しいですし、夢は自分を輝かせてくれる原動力になります。私はぜひ皆さんに、夢を持って、叶えようとする日々を送ってほしいと思います。

夢といっても、特別なものである必要はありません。人それぞれ、大きな夢も身近な夢もあるでしょう。気になっているレストランで食事をする、今年の冬に温泉旅行をするといったことでいいのです。趣味のダンスで発表会に出る、ハイヒールを履いてきれいに歩けるようになる、などでもいいでしょう。

私はよくスタートやリセット効果が高いといわれる新月の日や、心のエネルギーが高まる満月の日に、夢を見直しています。

恋愛、仕事、趣味、環境など、項目別に考えると出てきやすいかもしれません。

もし何も思い浮かばなければ、子どものころにワクワクしたことや、してみたかったことなどを見直してみましょう。

小さいときにパティシエに憧れていた人なら、スイーツ作りを始めるのもいいかもしれませんね。

「お店で食べるようなふわふわのパンケーキを作れるようになりたい」と思ったら、人気店の食べ歩きをしたりレシピを調べたりと、夢を叶えるための行動を取るようになるはずです。

すると、スイーツ好きな人との新しい交友関係が広がるかもしれませんし、友人や家族との会話のネタも増えるでしょう。

イキイキと夢を追いかけるあなたは、キラキラと輝き始めるはずです。

Mikako's column

プリンセスになる夢が叶った

私が今持っている夢の一つが、ニューヨークのカーネギーホールの舞台に立つことです。そのために日々練習を重ねて、夢を追うことを心から楽しんでいます。

もうすぐ60歳になる私が、こうして夢を持ち続けられる理由は、小学生のころに自分なりの夢を持ち、叶えられた経験がベースになっていると思っています。

私は幼いころから絵本の中に登場する、したいことをなんでも叶えてもらえる、きれいなドレスを着たプリンセスに憧れていて、主人公のように「いずれ白馬の王子様が迎えに来てくれる」と本気で思っていました。

女の子なら誰でも一度は夢見ることかもしれません。でも私は、母親に「あなたは夢見る夢子だから」と言われていたほどなので、憧れる気持ちは人一倍強かったのでしょう。

そんな夢が叶うきっかけになったのが、サンリオとの出会いです。サンリオといえば、ハローキティ、マイメロディ、リトルツインスターズなど、世界にキャラクター文化を根付かせた日本が誇る大企業です。

当時は、東京・五反田にあるビルの一角を拠点にした小さな会社で、まだオリジナルのキャラクターもありません。海外のキャラクターグッズを輸入販売していました。

私は家がすぐ近所だったため、小学校低学年のころから、よく遊びに行っていました。

「こういうのが好き?」と、創業者の辻信太郎さんに聞かれ「はい!」と答えた私は、キャラクターの絵を描く作業を見せてもらうようになりました。そして「こっちのほうがかわいい」

「あんなのが欲しい！」などと、意見を聞いてもらえるようになったのです。

そうして社長さん、スタッフの皆さんと親しくなるうちに、私はサンリオが発行する『いちご新聞』に「いちごメイト1号」として登場させてもらいました。

そして「しっかり者のお姉ちゃんと、わんぱくな弟」であった私と弟をモデルに、キキとララで知られるリトルツインスターズのキャラクターが誕生したのです。

こうして自分たちが夢の世界の一員になったことに加え、私たちの希望を商品化してもらったこともあります。

当時は無地のばんそうこうしか売っていなかったため、「キャラクター入りのかわいくてカラフルなのが欲しい」と提案したら、実際に作っていただけました。

メイク道具にも興味があったため、「色の付くリップがあったらうれしい」とデザイナーのお姉さんにお願いして作ってもらったこともあります。

自分のアイデアが商品になり、それを使って自分がプリンセスみたいにかわいくなれたときは、本当に幸せでした。

プリンセスを夢見ていたら、望みが叶っていった。子どもの小さな夢でしたが、「願えば叶う」という成功体験から、幼くして夢を持つことの大切さを知り、それがアイドルになるという想像もできなかった活動につながったのでしょう。

2 ひらめきを無視しない

夢について、もう少し考えてみましょう。

「自分はどうなりたいのだろう」「どうなったら幸せかな?」など、自分なりの夢を考えるときに大切にしてほしいのが、「ひらめき」です。

ひらめきは、直感ともいえるでしょう。ただ直感というと、非科学的で当てにならないものと考える人もいるかもしれません。

でも、「なんとなくこの人とは気が合いそう」だと感じた人と仲良くなれた、「なんだか嫌な感じがするから、今日は別の道を通ろう」と迂《う》回《かい》したら、そこで事故があったといった経験をした人もいるのではないでしょうか。

私は、直感はこれまでの経験や見聞きした情報などが入った脳のどこかから、自分にとってベストな答えを瞬間的に導き出してくれたものだと思っています。この直感を信じることで、自分だけの間違いのない幸せになれる道を選び取ることができるのです。

直感をその日のランチや休暇の行き先を選ぶときだけに使うのは、もったいないことです。

ぜひとも理屈じゃなく、直感が働くことがあれば夢の一つに加えてほしいです。

Mikako's column

直感を無視して投資詐欺に遭った

私は数々の大きな決断を直感に従ってきた経験があります。結婚相手を選ぶときも同様で、夫に初めて出会ったとき、「この人！」という直感に従って行動しました。

そのおかげで、夫が白血病で亡くなるまでの間、とても幸せな結婚生活を送ることができたのです。

ここではそうした直感に従わなかったために、1億円を失ってしまった苦い経験を紹介します。

再デビューの準備をしていたころ、CDを発売するなどさまざまなことにお金がかかるので、金銭的に準備したほうがいいと考えていました。

そんなタイミングで、「CO_2削減の先物取引に投資しないか」

という話が持ち込まれたのです。

最初に聞いたとき、直感的に「こんなにうまい話があるわけない」と思いましたが、「こうなったらいいな」という願望のほうが勝ってしまいました。

投資話を持ちかけてくる側も必死で、アプローチが積極的です。途中で送金がうまくいかなかったことが2度あり、やっぱりやめようと断りたかったのですが、家までやってきて押し切られてしまったのです。

せっかく気付かせようとしてくれた「ざわざわ感」を、私の欲が押しやってしまったといえるでしょう。

結局、私は5千万円を失いました。

実はその後も「これも怪しい話じゃない？」と直感が教えてくれていたにもかかわらず、欲を抑えることができずに別の詐欺に引っかかったことがあります。総額で1億円を失ってしまいました。

当時始めた信託は、幸いにもずっと私を支えてくれています。信託の話をいただいたときは、直感によるざわざわ感はなく心が穏やかでしたので、「これは大丈夫」と教えてくれていたのでしょう。

これらのことがあってから、私はより一層心を落ち着かせて、自分の内側と対話する時間を増やすようにしました。そして自然に逆らわず、規則正しく健やかな生活を続けていくうちに、直感力が磨かれ、夢の実現を妨げるような話は来なくなったのです。

3 どうなりたいか、何が欲しいか、具体的に考える

「自分には今、どんな夢があるだろう」と考え、新しいピアスが欲しい、犬を飼ってみたいなど、いくつか浮かんだとします。

そうしたら次は、そのピアスはどんな形で何色かなど、インターネットなどで調べて具体的にイメージしましょう。

犬を飼いたいのであれば、犬種や性別を考え、犬を迎えることができたらどんな部屋で一緒に暮らしたいか、散歩は1日何回どの道を歩くかなど、実現したときのことを細かく考えます。

このとき、欲しい物が実際に手に入ったときの喜びを先取りして味わうのがポイントです。「かわいいピアスが手に入って良かった!」と、鏡を見て身に着けている姿をイメージしたり、友人に「そのピアスかわいいね」と褒められる情景を思い浮かべたりしてみましょう。

犬の散歩をしながら同じ犬連れの人と会話をしたり、犬と一緒に公園で楽しく遊んでいる様子を思い浮かべたりして、幸せな気持ちを味わいます。

「海に面した、欲しい物がそろった家に住みたい」「年収3千万円になりたい」などのように、もっと大きな夢でもすることは同じです。

海に面した家が欲しいのであれば、どの地域のどの海に面していて、どんな家具や車があり、自分はどんな気持ちなのかを目いっぱいイメージします。

年収をアップしたいのであれば、年収が3千万円になったら、どこに住み、何を身に着け、どんなお店に食事に行くのか、想像してうれしさを先取りします。そして、その感覚をできるだけ維持しながら生活します。

人間の脳は、思い浮かべたことと実際に起きていることとの区別はつかないそうです。そのため、何度も繰り返しイメージしていると、想像した状況を再現させるように働き始めます。

また、人は「楽しい」「うれしい」などと同様に、「つらい」「苦しい」など、自分が発する感情と同じものを引き寄せます。

思い切りイメージの世界で楽しめば、同じように楽しいと感じられる状況がやってきます。

一方で「どうせ叶わない」「こんなことしても無駄」など、あきらめの気持ちをイメージすると、そんな状況が訪れます。

イメージは具体的な状況であればあるほど、そして喜びの感情が伴えば伴うほど、脳に強く焼き付きます。

以前、近くに来た友人が、私の顔を見に家へ立ち寄ってくれたことがありました。私はニヤニヤしていたらしく、友人に「どうしたの?」と聞かれます。

このとき「宝くじで2億円当たったら、あれを買ってこれをして」などと妄想していたので、無意識のうちに顔がにやけていたようです。

このくらい、イメージに浸って実現したときの気持ちを味わうことがおすすめです。

Mikako's column

夢は明確にすればするほど叶いやすくなる

私は未来の夢を見るのが大好きで、欲しい物などについても同じようにこと細かくイメージするのが好きでした。

さらに具体的に夢を想像するようになったのは、高校生のころです。きっかけは、お世話になった方に自己啓発本の原点といわれるデール・カーネギーのベストセラー『道は開ける』（創元社）を頂いたことです。

芸能人としての活動を本格化させる少し前に頂いたこの本には、夢の実現には、目標を「なりたいことリスト」として書くことをすすめる項目がありました。

私はこの本を読んでから、自分がどうなりたいかなどを問いかける時間を大切にし、それまで以上に夢や目標を明確にするようにしてきたのです。

たとえば「きゃんきゃん」でデビューしたころは、実家に住んでいました。でも、いつか夢の一人暮らしを実現することを考えて、部屋にどんな家具をそろえてどう配置するか、想像して楽しんでいました。

すると数年たって、仕事に便利な都心で一人暮らしをすることになり、ずっと欲しいと思っていたカントリー風の家具をそろえることができたのです。イメージしていた通りの部屋でした。

他にも、イメージしていたら叶えられたことはたくさんあります。弟が車好きだったので、「こんな車を運転してもらって、横に座ってドライブしたら楽しいだろうな」と、しょっちゅう想像していたら、イメージ通りの中古車をプレゼントしてあげることができました。

ずっと応援してくれている家族を、海外旅行に連れていきたいという夢も叶いました。

キャリアをモデルからスタートした私は、歌手になってステージに立つ姿をイメージしていたら実現しました。

結婚して、家族とテニスコートやプールがある家で暮らすことを夢見ていたら、本当にその通りになりました。

夢を明確に描いていたら、それが叶ったことはたくさんあります。

ですから皆さんにも、ぜひ夢を持ち、日々叶った姿を想像して、楽しみながら実現させていってほしいのです。

4 夢の実現のために、一歩踏み出す勇気を持つ

皆さんは今、どんな夢や目標を持っているでしょうか?

「映画で見たサルサダンスに憧れて、踊ってみたい」「会社の昇進試験を受けるつもり」「小さなお店を持ちたい」など、夢や目標があるとし

ましょう。

でも挑戦してみたい気持ちはあっても、「運動神経が良くないから難しそう」とうまくいかなかったときのことを考えたり、「試験に受かるかどうか自信がない」など不安が勝ったり、「お店を開くにはたくさんの資金が必要だから」と心配して、ためらってしまったりすることもあるかもしれません。

心配や不安を抱えたまま過ごしていても、夢はあなたの元に近付いてはこないでしょう。

そこで一歩踏み出すことで、新しい世界が展開します。「なかなか前に進めない」とき、私がおすすめしているのが、失敗を恐れる気持ちを抑え、成功したときの喜びを想像することです。

思い切ってサルサを始めたら、良い運動になってダイエットできるかもしれません。さらに、サルサを踊るパーティーですてきな人と恋に落ちる可能性だってあるでしょう。

試験に受かって昇進すれば、できる仕事の幅が広がりお給料もアップするはずです。

自分のお店がオープンできたら、同じ価値観を持つお客さんが集まり、あなたが選んだアイテムを喜んで買ってくださるでしょう。

このようにして、うまくいったときのうれしさ、楽しさにフォーカスして想像します。

私がアイドルとしてデビューできたのも、不安や心配だけにとらわれず、「憧れの芸能界を見てみたい」「大ファンの西城秀樹さんと、少しでも一緒にいられたら最高！」という、実現したときの喜びに気持ちを向けて一歩を踏み出したことから道が開けたのです。

Mikako's column

夢を叶えたときの喜びにフォーカスして芸能界へ

ここでもう少し詳しく、私がどう最初の一歩を踏み出し、アイドルになる夢を叶えたのかを紹介しましょう。

子どものころプリンセスに憧れていた私は、歌ったり踊ったりして自分を表現し、みんなに注目されるのが大好きでした。プリンセスのような服が着られるアイドルにも憧れていました。

でも、芸能界は今ほど身近ではありません。特別な才能や運を持った人が活躍する別世界で、一般的な暮らしを送る人はとても芸能人にはなれないと、誰もが思っていたのです。

私は西城秀樹さんの大ファンでした。ファンクラブに入っていた中学3年生のとき、会員限定で秀樹さんのバックで「ファン代表」として踊るダンサーのオーディションがありました。

そのお知らせが書かれた手紙を見て、私は飛び上がって喜びました。踊ることも秀樹さんも大好きだし、ファン代表だったら自分でもなれるかもしれないと思ったのです。

皆さんには想像がつかないかもしれませんが、当時は今のように情報があふれている時代ではありませんでした。パソコンやスマートフォンはなく、娯楽といえばテレビやラジオが主流です。

誰もがSNSで発信できる今とは違い、人前に出るチャンスは「特別な何か」を持つ人に限られていました。だからこそ、こんな機会は二度と巡ってこないかもしれない。駄目でもいいから絶対に応募したい！と私は思ったのです。

だからといって、すぐに応募したわけではありませんでした。親の反対が怖かったからです。特に父は私を溺愛し、箱入り娘にしておきたかったのか、普段から私に悪い友達ができることや男の子と付き合うことを過剰に心配していました。

それに、当時は一般的に「良い子」といわれる枠がとても狭くて、アイドルやミュージシャンのコンサートに行くと「不良になる」と思われていたのです。

ですから、「芸能界は危険な世界」だと反対されそうでなかなか言い出せませんでした。さらには高校受験を控えていたため、「勉強や進学準備をおろそかにしている」と怒られる不安もありました。

　私を迷わせたのは、芸能界に足を踏み入れることに対する親の心配だけではありません。同居していた祖父が入院中だったのです。両親はとても祖父母を大切にしていましたし、毎日の仕事に加えてお見舞いなどで忙しくしていました。ストレスもあったでしょうし、私のことで心配事は増やしたくないという思いがありました。

　私自身も祖父の様子が心配ではありましたが、何かできるわけではありません。それでも家族が大変な中、自分だけがオーディションを受けに行ってもいいいんだろうか、という罪悪感がありました。

　今、私はこんなことをしている場合じゃないかもしれないと悩む一方で、秀樹さんと少しでも一緒にいられたら本当にうれしいという思いもどんどん膨らんでいきました。そして次第に挑戦しなければきっと後悔すると思うようになったのです。

最終的には、この先どうなるかはわからないけど取りあえずオーディションだけ受けてみようと心を決めて、恐る恐る応募の準備を始めたのです。

もちろん、オーディションに応募したからといって、受かるとは限りません。結果の知らせが来るまでは、不安と心配で眠れない日々が続きました。

またとないチャンスに踏み出したのに、落ちたらどうしよう。落選したら、家族にも「だから言ったじゃない」「芸能界なんて夢はさっさとあきらめなさい」と言われるかもしれないと考えると、胸が張り裂けそうでした。

でも、私の手元に合格の通知が届きました！　このとき一歩を踏み出していなければ、私は普通の高校生として人生を送っていたでしょう。

勇気を出して前に進んだことで、大きなチャンスをつかむことができたのです。

理想の男性と出会う、「恋愛」のためのアクション

1 好みのタイプは細部にわたるまで描いておく

私は好みの異性のタイプを、単に「価値観が近い」とか「優しい」だけでなく、もっと細かく描くことで、理想の人に巡り合えるチャンスが増えると考えています。

好きなタイプに「優しい人」を挙げる人は多いでしょう。でも一言で優しいといっても、自分にだけ優しいのか、誰にでも優しいのか、動物や環境にも優しくあってほしいのか、それぞれタイプが異なります。

好みのタイプを明確にするとき、先に好みではない要素を挙げていくといいかもしれません。「両親を大切にしない人」「レストランやカフェで働く人に見下した態度を取る人」など、お付き合いしたくない人の点

を明らかにしてみるのです。

その上で好きな要素を考えると、「自分の両親だけでなく、相手の両親も大切にできる優しい人」「立場が異なる人も思いやれる優しい人」など、具体的になるでしょう。

好きなタイプを明確にすることは、夢を叶えるときにどうなりたいかを細部にわたるまで明確にしておくことに通じます。「愛されたい」「恋愛や結婚生活をうまくいかせたい」と思うなら、理想の相手に出会う前から、自分の好みを分析しておくといいでしょう。

Mikako's column

私の理想の男性像は漫画の登場人物だった

私の理想の男性像は、大和和紀さんの漫画『ヨコハマ物語』（講談社）に登場する甲斐竜助でした。

舞台は、開国してから間もない明治時代の横浜。竜助は1人で外国に渡り、貿易商として成功します。1代で財を築く力強さを持ちながら、心が純粋で、1人の女性を大事にする深い愛情と優しさを持っており、そこがかっこいいなと思っていました。

また竜助はセンスが良く、国際舞台で活躍するジェントルマン。行動もスマートで、「結婚するなら、絶対こんな人!」と憧れていたのです。

「それってフィクションじゃない?」「そんな理想的な人、実在しないよ」と、あなたは思うかもしれません。

でも漫画でも映画でも関係ありません。自分が相手に求める条件を明確にしておくことで、実際にその資質を持った人に出会ったら「この人だ!」とわかるからです。

実際、あるパーティーで知り合いに夫を紹介されたとき、初対面ですぐに「私の竜介を見つけた!」と確信しました。

彼は当時、オーストラリアのパースでリゾート開発の会社を経営する働き盛りの実業家。時代こそ違えど、子どものころから憧れていた『ヨコハマ物語』の竜介そのものだったのです。

夫も私を気に入り、次の日には食事に誘ってくれました。ただ彼の拠点はオーストラリアなので、すぐに日本を離れなければなりません。でも2週間後にまた東京に来るので、そのときに会いたいと言ってくれました。

約束の日、私はドラマの撮影で京都に行かねばならなくなりました。すると、彼が滞在を延長してくれたのです。2度目に会ったとき、「今の仕事が終わったら僕のところに来て」と、彼の住むパース行きの片道切符を渡されました。

それ以来、彼とずっと一緒にいるようになりました。つまり、芸能界を引退し、結婚してオーストラリアと日本を行き来しながら生活する道を私は選んだのです。

②

相手に求めるものに、優先順位を付ける

近年は皆さん忙しく、「なかなか出会いのチャンスがない」という声をよく聞きます。「ただでさえ出会いがないのに、自分の好みばかり優先させていては、誰とも付き合えないのでは？」と聞かれることもあります。

そんなとき私は、「好みを明確にすることはとても大切ですが、すべてを満たす人を探そうとするのは違います」とお伝えします。「こういう人がいい」「こういう人でないほうがいい」と挙げてみた中で、どれが最も大切で、どれが重要でないか、優先順位を付けてみてください。

理想はお酒を飲まない人だけど、仕事が終わった後の一杯のビールを楽しみにするお相手であれば、そのくらいならいいかなと優先順位を下げる。

バリバリ働いて年収1千万円以上稼ぐ人がいいけれど、自分も働き続

けるつもりだから、ある程度の年収があればOKと条件を緩めるなど、よく考えると固執しなくていいと思える点はあるはずです。

異性と付き合い、パートナーとなっていくとき、一番の目的は「互いに日々満たされた幸せな気持ちで暮らす」ことだと私は思っています。そのため、自分の好みをはっきりさせるときに「どんな瞬間に幸せを感じるのか」「どんな人と一緒にいたら、その幸せを感じられるのか」をわかっている必要があります。

もし当時の私が「年齢差は10歳まで」とか「年下がいい」など条件を付けていたら、夫と出会ったときに何も感じなかったでしょう。条件などで壁を作っていたら、夫もそれを感じ取り、違う結果になっていたはずです。

皆さんも誰かと出会ったとき、「身長が理想より低いから駄目」「年齢が5歳も下だから無理」など、条件にこだわり過ぎるのではなく、直感に素直に従い「その人が好きかどうか」「この人と一緒にいたら幸せと感じられるか」という気持ちを大切にしてくださいね。

Mikako's column

自分だけを大切にしてくれる人だから選んだ

前述の通り、私の理想の男性は漫画『ヨコハマ物語』の甲斐竜助でしたが、夫のすべてが合致したわけではありません。結婚したとき、夫は41歳、私は24歳。17歳の差がありました。

今でこそ年齢差のあるカップルは多くなりましたが、当時は2〜3歳違いで結婚する人が多く、5歳も違えば珍しいと言われていました。まさか自分が17歳も年上の人と結婚するとは思ってもいませんでした。

また、夫は7年ほど別居をしていましたが、前妻との籍が入ったままでした。「一番下の子が16歳になったら離婚する」という契約をしていたため、離婚が成立していなかったのです。

夫はその約束を守りたいので、子どもが16歳になるまでの2年間、籍を入れるのは待ってほしいと言いました。

「相手の離婚が成立していないなら、一緒にならない」という選択肢もあったでしょう。でも私は、お付き合いする中で、彼が自分のことを本当に大切に思ってくれていることを感じていました。たとえば、オーストラリアと日本を行き来する中で、日本にいるときは1日に1回、必ず私の両親のところへ顔を出してくれていました。また、私の友人たちとも食事をしてコミュニケーションを取るなど、細かく気を配ってくれていたのです。

私はあれこれ理想のタイプについて考えたとき、絶対に譲れない条件を「自分だけを大事にしてくれること」と決めていました。彼は私だけでなく、私の大切な人たちをひっくるめて大事にしてくれる。そんな人だから、一緒に人生を歩もうと思えたのです。

さらに、彼は必ず約束を守る人でした。いつも「約束は守るためにするものだ」と言って、前の家族との約束も、私との約束も守ってくれたので、信じられたのです。

3

小さな「できた！」で自信を身に付ける

自分の夢を叶えるため、理想の人に出会うためにも、とにかく人生で良いことを起こすには、「こうなったらいいな」という状態をイメージするのが重要です。

でも、そうはいっても「どうせ私には無理」「駄目に決まっている」などという気持ちが湧いてきて、夢や理想を否定してしまうこともあるでしょう。

もちろん私も、幼いころから夢見ることが好きだったからといって、いつも自信満々だったわけではありません。自分よりも有名な事務所に所属するアイドルと比べて落ち込んだり、キラキラと輝くオーラを持つスターを見て「私なんて駄目」と思ったりすることもしょっちゅうでした。

今でも自信を失い、へこむことがありますから、皆さんの気持ちもよくわかります。周りから見ると自信満々に見える人も、心の中にはさまざまな葛藤があるはずです。

私も自分を認めてあげよう、ありのままの自分で価値があると思えるようになろうと、いろいろな方法を試行錯誤してきました。

その中で、簡単で効果があったものを2つご紹介しましょう。

1つ目は、小さな進歩を認めてあげることです。たとえば、「水着を着るために3カ月で5キロ痩せよう」と決めたとしましょう。

1カ月に1キロずつ、2カ月で2キロ痩せました。そんなときに「5キロ痩せる」というゴールに目を向けると、まだ達成できていない自分に対して落ち込んだり、がっかりしたりするかもしれません。

でも、1カ月目で1キロ減り、2カ月目も1キロ痩せた。達成できたことに目を向けるのです。これまでの自分だったら、ダイエットは三日坊主ですぐに甘い物を食べて、体重を減らすことができなかった。でも今回は、着実に減らすことができている。

小さな「できた」を重ねて、自信を身に付けていくのです。

お片付けをする
ボクは素晴らしい!
ラブリーン

もっと簡単なことでも構いません。昨日はわからなかったスマートフォンのアプリを使いこなせるようになった。3日前に作った目玉焼きより、今日のほうが形も良くておいしい!

そんな進歩を認めていくことで、自己肯定感は少しずつ高まっていきます。小さな進歩が見つかったら、「そんな私は素晴らしい! ラブリーン」と自分に言ってあげましょう。「ラブリーン」はLove ring。「愛の鎖、絆をつないでいく」という意味です。

孫は私のセミナーに参加してから、「いっぱい食べる、ボクは素晴らしい! ラブリーン」「お片付けをするボクは素晴らしい！　ラブリーン」と、両手でハートマークを作り、毎日のように言っているそうです。

子どもたちの間で「そんな自分は素晴らしい！　ラブリーン」を私ははやらせたいと思っています。

もう一つ、とっても簡単にできる自己肯定感を高める方法が、これからする行動を言葉にすることです。朝目が覚めたら、「さあ、これからベッドを出る」と言ってベッドから出る。「さあ、これから歯を磨く」と言って歯磨きする。

バカバカしいと思うかもしれませんが、自分の決めたことを実践できたという事実が、「自分はちゃんとできる人」という、小さな自信につながります。

そうして自分との約束を守ることで、自分で自分を信頼できるようになるのです。すると「私なんて……」という気持ちから、少しずつ抜け出すことができるようになります。

Mikako's column

自信が身に付くと幸せも大きく育つ

私は子どものころから歌が好きで、アイドル活動も楽しんでいました。

でも、いくらトレーニングをしても、芸能界には天才的に歌のうまい人がたくさんいるため、自分の歌が上手だとはどうしても思えませんでした。

2013年に30年ぶりの再デビューを果たしたときも、私の歌で人に感動を与えられるのかどうか、不安がありました。でも、何歳になっても挑戦ができることを多くの人に見てもらえる機会でしたし、そこに使命を感じて歌い始めたのです。

再デビューして10年になりますが、こつこつと活動を続けられたのは、自分の小さな進歩を認め続けてきたからだと思います。

シングルを出しては喜び、作詞をしたアルバムを出しては自分を褒めてあげ、小さな「できた!」を積み上げていくことで、3年ほど前からは、やっと自分の歌にも自信が持てるようになりました。

自分の進化を認め、自己肯定感を高めていくと、お手伝いしてくださる方が増え、イベントが成功するなど、より大きく、より幸せな現象が起こるようにもなってきたのです。多くの方々から応援していただけるようにもなりました。

自己肯定感を高めるのは、「愛と幸せの7つの法則」にある「自分を大切にします」に通じます。

「どうせ私なんて……」と卑下したり、粗末に扱ったりせずに、あなた自身のそのままの価値を認めてあげましょう。

Mikako's column

やればできる！　成功の芽を育てよう

正月に放映される人気テレビ番組が「新春かくし芸大会」（フジテレビ系列、1964〜2010年）です。アイドルから大御所タレントまで、芸能人が二組に分かれて芸を披露し、点数を競い合います。

私も83年に出演し、2つの芸に取り組みました。水中バレエと、バンブーダンスです。

水中バレエは、10人で演じました。売れっ子タレントが集まるので、練習は仕事を終えた夜にスタート。

初めて課題のダンスを見たとき「無理」と思いましたが、弱音は通用しません。やるという選択肢しかないのです。朝5時までプールにいて指はしわしわにふやけましたが、だんだんそれらしい形になり、プロが演じた見本に近づいていく感動も味わえました。

風邪を引いて熱が出ましたが、やり切ることができました。本番では審査員に「つなぎ合わせた映像では？」と疑われるほどの出来で、満点を獲得。格別の達成感でした！

バンブーダンスはラッツ＆スターとの共演で、スタジオで披露します。初挑戦の演目でどうなることかと思いましたが、こちらも満点を得ることができました。

準備の段階で、あまりの難しさにリタイアする方もいると聞きますが、ほとんどの出演者はやり遂げます。自信がなくても必死に挑戦すれば、何事もできる。弱音を吐かずに前進する大切さを学びました。


あきらめずにやれば、人は必ず前進できます。思い描いた姿に近づけるのです。誰もが成功の種を持っています。繰り返し挑むことで、自信の種が芽を出します。信じて進みましょう！

出会った理想の男性と「幸せを長続きさせる」ためのアクション

1

優先順位以外のことは受け止める

せっかく付き合おうと決めたのに、別れてしまったカップルに話を聞くと、「相手の嫌なところが気になって」「出会った当初と態度が変わってきた」などという答えがよく返ってきます。

付き合い始めのころは相手の良いところばかりが見えていたけれど、次第に自分の期待とは異なる面が気になり出し、それが受け入れられないということなのでしょう。

付き合うきっかけになった、相手の大好きな部分が変わっていないなら、これまで気付かなかった相手の嫌な部分もすべて含めて愛せるようになりたいですよね。

私は信頼できて、一緒にいて心地よい時間を過ごせる相手であれば、優先順位以外の面はそのまま受け止めてあげればいいと思っています。

もちろん私も今だからそう言えますが、一緒に暮らすようになってから夫の気性の荒さに驚き、悩んだ時期がありました。いくら好きな人でも、近くで長時間一緒に過ごしていると、「なんでこの人はこうなんだろう」「どうしてこうなってしまうのだろう」と思うことは誰にでもあるでしょう。でも、「なぜ好きだと言ってくれないんだろう」「なんで話を聞いてくれないんだろう」と一方的に相手を責めたり問いただしたりすることが増えると、自分もつらくなってきます。

もし相手の嫌なところ、できていないことが気になって、理由を問い詰めたくなることがあっても、それが優先順位の高い大切なことでなければ、深呼吸をして、あえて何も聞かずにいてください。

もちろん、優先順位が高いなら話し合うべきこともあるでしょうが、そうでなければ「自分を受け入れてくれている」と相手に伝わると、相手もあなたをそのまま受け入れてくれるようになります。

私の経験から、相手の気になるところ、嫌なところは、自分にも同じ面があり、目につくことが多いものです。ですから相手を責める前に、自分を振り返って向き合うことがとても効果的です。

なぜ自分はそう思うのかと問いかけて、原因をなくしていく。そして、理想の自分になっていけるよう集中し、相手ではなく自分にフォーカスして自分を大切にしていると、いつの間にか相手の嫌なところが目につかなくなっていきます。そうして、互いに心地よい関係を長く築くことができるのです。

Mikako's column

頭からビールをかけられても、相手の気持ちを考える

夫は普段、とにかく私が喜ぶことを考えて行動してくれました。誕生日などの記念日を大切にするのはもちろん、「新しいドライヤーが出るらしい」「こんな掃除機があるよ」などと、私が

気になりそうな情報があると、記事を切り抜いておいてくれるなど、常に気にかけていてくれたのです。

でも実は一緒に暮らすようになってから、活火山のようにいきなり怒りが噴火する面もあることを知りました。噴火してマグマが流出すると、なかなか止められません。

夫にも自覚はありましたが抑えるのは難しく、月に1度ぐらいの頻度で急に怒り出すのです。

怒りに任せて皿を割るぐらいならいいのですが、ビールやビーフシチューを頭にかけられたこともあります。こんな話をすると、「今ならドメスティック・バイオレンスで訴えられるよ」とよく言われます。

当時の私は20代半ばで、人生経験も未熟でした。大好きな人が豹変《ひょうへん》する姿にとにかく驚き、最初のころは何が起きているのか理解できませんでした。

日本の家族には、もちろんそんなことは相談できません。思い余って友人に相談すると、「私だったらそんなことが1回でもあれば、すぐ別れる」と言われました。

でも実際に別れることをすすめるかというと、少し違いました。友人たちも夫がどれだけ私を大切にしてくれているかを知っていて、「どうしたらいいのか……」とうなるばかり。私も夫の愛情が本物だと思っていましたし、彼への尊敬や愛情がありました。だからこそ、私は時間をかけてなんとか夫を理解しようとしたのです。

何年かたつうちに、夫が怒るのは私にではなく、自分の中にある何かに対して怒りを持っていることが、少しずつわかってきました。そして、「こんなに怒るなんてすごく疲れるはずだし、私が優しく受け止めてあげよう」と思えるようになったのです。

幸い、夫の怒りをそのまま受け止めているうちに、ビールをかけるなどの極端な行動は減っていき、「俺みたいな男と一緒にいてくれてありがとう」「俺と結婚してくれて本当にありがとう」

など、たくさんのうれしい言葉をかけてもらえるようになりました。

私が「許す」ことで、夫から信頼されてかけられた言葉は、今も私を支えてくれています。最初はとてもショックでしたし、つらかったですが、怒りに怒りで反応しなくて本当に良かったと思っています。

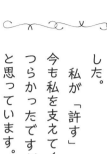

2

相手のためを考える

恋愛関係や結婚生活に限らず、人と長く続く心地よい関係を築くために大切なポイントの一つが、相手のためを考えることだと私は思います。

これって簡単なようで、とても奥が深いです。なぜなら「もし自分が相手の立場だったらどう思うだろう?」と考えることはできても、なかなか相手が育った環境やこれまでの経験、そして性格まで含めて相手の気持ちを推し量るのは難しいからです。

たとえば相手が悩んでいるとき。自分なら声をかけてほしいから、その人に「何かあった？」と聞きます。でも相手は、そっとしておいてほしいと思っているかもしれません。

こうしたすれ違いは、日常でよく起こります。

自分の基準で考えていると、よかれと思ってした行動が裏目に出ることもあるでしょう。

大好きな人に喜んでもらおうとした行動が、いまいちな反応だったということもあるでしょう。

そんなとき「せっかく手伝ったのに、あまり喜んでもらえなかった」「自分はこんなに気をつかっているのに、相手は全然気遣ってくれない」などと感じるかもしれません。でも相手が期待通りの反応をしなかったからといって、悪意があるわけではないのです。

「これだといまいちなんだな。次はこうしよう」と切り替えて、また相手が喜びそうなことを考えればいいのです。

Mikako's column

子育てで学んだ、相手の気持ちを考えること

誰でも、相手に心から喜んでもらえる行動ができるようになるためには、ある程度の経験が必要でしょう。

私も本当に見返りを求めず、相手のためを考えられるようになったのは、子どもを生んで、育てたからです。

生まれたばかりの赤ちゃんは、大人が手をかけなければミルクを飲むことも、おしめを替えることもできません。大人がいなければ生きていけない赤ちゃんを目の前にして、初めて自分の中にある慈愛に気付きました。

また、一人で歩けるようになっても、子どもは大人になるまでの20年近く、親の愛情を必要とします。人生経験の少ない子どもは、自分の考えを整理してきちんと「あれが欲しい」「自分はこうしたい」「こうしてほしい」と言葉で表現することができ

ません。どんな心持ちでいるのか、こちらが全身全霊で向かい合わなければならないのです。

子育ての経験がないと、本当に相手のためを考えられるようにならないと言いたいわけではありません。人によっては、仕事の人間関係や親きょうだいと接しているときなどに気付く場面もあるでしょう。

私の場合は子育ての経験を通じて、相手を思いやることができるようになったのです。子どもの笑顔を見るのは何よりの喜びであり、同じように大人にも接していこうと思いました。

3 感謝の気持ちを忘れない

パートナーや家族のように、一緒にいるのが当然の関係になると、どうしても「私は頑張っているのに、優しい言葉をかけてくれない」

「家のことを手伝ってくれない」など、してくれないことばかりに目が向き、不満を抱えがちになります。

私は身近な人と長く続く良い関係を築くために欠かせない、重要なポイントの一つが、相手への感謝を忘れないことだと考えます。

家族に「してもらったこと」を考えてみましょう。誰でも生まれてすぐ、一人では何もできないときから、家族がごはんを食べさせてくれ、お風呂に入れてくれ、寝かし付けるまでのすべての面倒を見てくれたはずです。

少し大きくなったら、絵本を読み聞かせてもらったり、好きな食べ物を用意してくれたりしたでしょう。学校に通わせてもらったり、夏休みには旅行や遊びにも連れて行ってもらったりしたはずです。そうして、生まれてからしてもらったことを考えたら、数え切れないほど出てくるでしょう。

パートナーにしても、そこにいるのが当然ではなく、自分と一緒にいることを選んでくれたことに始まり、生活をサポートしてくれることや、心の支えになってくれているなど、してもらっていることはたくさんあるでしょう。

そうして「してもらってないこと」より「してくれていること」にアンテナを向けると、感謝の気持ちが湧いてきます。

もし相手への不満が積み重なり、やってくれていることがあまり思い付かないときは、少し時間を取ってみましょう。相手の良いところや感謝すべきことを思い浮かべ、リストアップしてみるのです。あまり挙げられなかったとしても、すぐにあきらめないでください。

感謝できるところを意識するようになると、次第に気付いていくはずです。

ある女性が、夫への不満がいっぱいで離婚を考えていると相談に来ました。彼女に、相手にしてもらったことに目を向けるよう提案すると、その日に早速感謝できる点をリストアップし、照れながらも帰宅した夫に感謝を伝えたそうです。

すると、何日も口をきいていなかったのに、次の休みは海外旅行をしようと提案されて、すっかり仲が元通りになったと大喜びでした。

大切な人に愛を伝えるのは、「愛と幸せの7つの法則」の一つでもあります。感謝できるところが見つかったら、言葉にして伝えてみてください。こわばっていたかもしれない2人の関係が、驚くほどほぐれてくるはずですよ。

Mikako's column

「このクソジジイ」と思ったときこそ、感謝リストを作った

私も以前は、腹が立ったり悲しくなったりすると、相手への感謝を忘れがちになっていました。でも、夫に頭からビールをかけられて「このクソジジイ」と思ったときこそ、あえて感謝リストを作るようにしていました。

こんな具合です。
・私を大好きでいてくれてありがとう

・今日もこの家に住めることにありがとう
・毎日温かいお風呂に入れることに感謝します
・私の好きなおいしい物を食べさせてくれてありがとう
・今日もきれいにしていられる環境をくれてありがとう
・今日も好きな物に囲まれていることは、あなたのおかげです
・いろいろな所に連れて行ってくれてありがとう
・私の両親や家族を大事にしてくれてありがとう
・私に大切な子どもたちをくれてありがとう
・私に試練を与えて自信を付けてくれてありがとう

どんなにイライラしていても、リストを作ると不思議と心が落ち着き、夫に対して優しい気持ちになることができました。

感謝リストを作って持ち歩き、気持ちがザワザワしたら見返すのもおすすめです。

焦ったりイライラしたりしない心を手に入れるアクション

1 自分を褒めて幸せにする

皆さんには「愛され力」を身に付けるために、自分をハッピーにすることを優先してほしいとお伝えしています。なぜなら、あなたが心地よくいられれば、その心地よさは周りに伝わって人々を幸せにする、そしてあなたにもさらに心地よいと思える状況が引き寄せられるからです。そうして満ち足りた心を手に入れることで、愛され力を手に入れるだけでなく、心穏やかに幸せに暮らせるのです。

「愛と幸せの7つの法則」でも、「自分を大切にしています」という項目があります。多くの人は、自分を後回しにしがちですから、積極的に褒め言葉で自分をねぎらってあげましょう。

自身を褒めるのが苦手な方は、練習が必要かもしれませんね。筋トレをするように続けることで、自分を褒める力はじわじわと高まっていきます。ぜひ今日から「自分褒めトレーニング」を始めてみましょう。

褒める内容は、本当に小さなことで構いません。「今日のコーディネート、センス良い」「ごはんがおいしい。私の料理、最高！」「困っていた友達を助けた私って優しい」「すてきな服をセールで買えて良かった。ラッキー」。こういったことなら、日々の暮らしでたくさん見つけやすいはずです。

たとえ、だらだら過ごして何も褒めることがないと思った日でも、何か一つでも行動したら褒める材料になります。コンビニエンスストアへ行ったなら、「疲れているのに買い物に行けた私はえらい！」と、自分を褒めることができるでしょう。

何か頑張ったときに、自分へのご褒美としてデザートを買う人もいますよね。今日はよく働いたからと、おいしい物で自分をねぎらうように、おいしい言葉を自分にあげて、たたえてあげましょう。

Mikako's column

家事は自分を褒めるいいチャンス

私はよく自分で自分を褒めて、ご機嫌な気持ちになっています。真面目で自分に厳しい人ほど、できていることよりもできなかったことに目を向けがちです。

たとえばテストで95点取れたのに、「あとたったの5点。なんで間違ってしまったんだろう」と悔やんでしまうのです。常に「足りない」ところばかりに目を向けると、いつも不足感が付きまといます。

自分への採点は甘くていいですし、誰が見ているわけでもありません。自分を思い切り褒めてください。

自分を褒めて喜ばせるためにおすすめなのが、掃除、洗濯、アイロンなどの家事をしたとき。汚れが取れ、ピカピカになり、しわがなくなるなど、目で結果を確認できると達成感が得られて、自分を褒めやすいのです。

今日は鏡、明日は窓と、毎日1つ何かを磨くのもいいですね。

「鏡をピカピカにできた私って素晴らしい」

「鏡に映っている自分もきれい！」

と、褒め言葉を自分にたくさん浴びせて、自分を幸せにしてあげてください。


私はランドリーアドバイザー兼インストラクターです。

洗濯機で落ちにくい汚れや、ドライクリーニング表示の服を自分で洗って仕上げる方法、プロのようにきれいなアイロンのかけ方を知りたかったら、私のユーチューブチャンネルを参考にしてくださいね。

窓拭き編もありますよ。

動画はコチラ

②

人と比べない

人と自分を比べることが悩みや葛藤を生み出していると、私は思います。皆さんはどうでしょうか。

たとえば同僚が、自分より上司に高く評価されていたら、どう感じますか。嫉妬してしまったり、私って駄目だなと自分を卑下してしまったりすることもあるでしょう。「あの子は上司にこびるのがうまいから」など、同僚の悪口を言ってしまうこともあるかもしれません。

でも、そんな自分を責めないでください。私も以前よりは自分を認めることができ、へこんだり弱気になったりすることが減っているとはいえ、先日、同世代の芸能人がSNSを駆使して活動しているのを見て、「自分は何もできないのに、あの人はすごいな」と落ち込みました。

そんなときは、なぜ自分が落ち込んだかを見つめると少し心が落ち着きます。「今、私は自分と比べて、彼女の能力が上だと思っているんだな」

と気付いたら、まずはそんな自分の気持ちを受け止めましょう。

嫉妬や怒りなどの感情はネガティブで、持つべきでないと考える人が多いです。でも私は、感情に優劣はないと思います。その感情も、自分が経験したかったのです。感情には、表と裏の面があります。表は憧れ、裏は嫉妬。何も感じないこともあるでしょう。

そのままの感情を「そうだね。自分が劣っている気がして、落ち込んじゃったね」と受け止めましょう。そして「じゃあ、どうしたいか」という行動に考えを切り替えればいいのです。自分が心から望むことを考えて実践するのが、純粋な気持ちを高めることにつながります。

「私もSNSを勉強しよう」でも、「Bちゃんが得意だったから、今度聞いてみよう」でもいいのです。そうして、自分がどうしたいかを考えれば、人と比べて湧いてきた感情を手放しやすくなるはずです。

「比べて湧いてきた感情を手放します！」と自分に宣言し、神社にお参りするときのように、パンパンとかしわ手を打つのもいいでしょう。気持ちが浄化され、なかったことにしやすくなります。

Mikako's column

周りと比べてばかりいたアイドル時代

テレビの歌番組やトーク番組では、人気のあるスターが前列や真ん中にいますよね。

アイドル時代、そうした番組に出演するときは、自分の位置がとても気になりました。座る位置は所属事務所によって決まることもありましたが、そうでないときは「私より歌がへたなあの子が、私より良い位置にいる」と、嫉妬したり悲しくなったりしていたのです。「私なんて、どうせこの程度よね」と後ろ向きになることもありました。

もちろんどんな場所や待遇でも、一生懸命やろうという気持ちはありました。でも、当時の私は、自分で自分の価値を認めることができずにいたのです。そんな自分が嫌で、少しずつ心の中を見つめるようにしたら、「今、私は彼女と比べているから、いじけちゃったんだ」とわかるようになってきました。

感情をそのまま受け止められるようになってきたら、落ち込んだり悲しんだりすることが減ってきたのです。

3 あなたはそのままで価値がある

自分と人を比べてしまうのと同様に、私たちの多くは「人に認めてもらいたい」と無意識のうちに思っています。

子どものころは「走るのが速いね」「テストで100点取ってすごい！」など、認めてもらいたい、褒められたい、親を喜ばせたいという気持ちがあったでしょう。大人になってからも、「気が利くね」「仕事が早い」「いつもきれいにしているね」のように、人に承認してもらいたくて頑張る人もいるのではないでしょうか。

「認めてもらいたい」という気持ちの裏には、「自分は人から評価されないと価値がない」という気持ちがあります。

でも、あなた自身がたいしたことないと思っている自分のことを、周囲がすごいと認めてくれるでしょうか。もちろん何かを成し遂げたり、仕事で結果を出したりすれば「よくやった」「さすが」と褒めてもらえるでしょう。

でもそれは、あくまでもやり遂げたことに対しての評価であり、あなたの存在そのものを肯定してくれているわけではありません。あなた自身を認め、一番大切にしてあげられるのは、誰よりあなた自身です。どれだけ人から認められても、自分で自分を認めてあげなければ心は満たされません。

だからこそ、私はもっと多くの人が、何もしなくても「自分はすごい」「私って最高！」と、まず自身を丸ごと認めてほしいのです。

「そうはいっても、私なんて何もすごくない」「そんな価値はない」、そういう人も少なくありません。

そんな人に、13世紀に行われたある実験を紹介しましょう。

神聖ローマ皇帝フリードリヒ2世は、人と接したことがなく、教育を受けない子どもが最初にどんな言葉を発するのかを知るために、身寄りのない新生児を50人集めました。養育に携わる保母や看護師は、生きていくために最低限必要な食事や入浴などの世話をするだけです。話しかけたり笑顔を見せたり、抱いたりすることは禁じられていました。

実験の結果は、結局出ませんでした。なぜなら3歳までに49人が死亡し、最後の1人も6歳になる前に亡くなってしまったからです。

愛情やスキンシップなどの接触がないと、人は生きていけないという事実がこの実験によってわかりました。

ここで私が何を言いたいかというと、あなたが大人になるまでには、身の回りの世話だけでなく、それ以上に大きな愛情も受け取っていたということです。

誰でも今、生きているだけで、たくさんの愛情を受け取ってきている。だからこそ、あなたは存在するだけで愛される価値があり、素晴らしいのだと自分で認めてほしいのです。

Mikako's column

「自分なんて……」を封印しよう

芸能界は人気がすべてですから、私もアイドルのころは「いつもニコニコしているね」「一生懸命歌っているね」「ダンスが上手」などと、人から好かれ、認められるように必死に取り組んでいました。

でも少しずつ、人に認められるよりまず自分自身を認めるほうが、心を穏やかに維持し、愛されるために大切なのではないかと思い始めたのです。

真面目な人ほど、「私なんてまだまだ」と考えて「もっと頑張らないと」と一生懸命になります。物事に集中して取り組み、努力するのは良いことです。

好きなことに熱中するのは自分を大切にすることですし、生きる醍醐味《だいごみ》でもあります。頑張るのを楽しめているならいいですが、人から認めてもらうため、世間の期待に合わせて「頑張り過ぎる」のは、少し違います。

自分は今のままで価値があると思えれば、他人軸に合わせて行動する必要はなくなります。心が喜ぶ、わくわくすることをするのが大切です。その結果が、夢や目標になるのです。

私は皆さんに「自分なんて……」と卑下しないでほしいと思っています。

「私なんて」という言葉は封印して、使わないでほしい。

「自分は価値がないから頑張る」のではなく、好きなこと、したいことに力を注いでください。

そうしてしたいことに取り組むあなたは、「愛される力」が高まっていくのです。

Chapter
3

もっともっと愛されるための心構え

これまで「愛され力」を身に付け、夢を叶えていくための「愛と幸せの7つの法則」と、目的別の具体的なアクションをご紹介してきました。

本章では、もっと愛されて、夢を叶えるスピードを加速させるために大切な心構えについて、お教えしましょう。

愛と幸せの7つの法則を基本姿勢として、私が人生で課題に突き当たったとき、困難な状況をどう考えて乗り切り、良い方向に転換してきたか。

人生に迷ったときやつらいこと、苦しいことがあって指針が欲しいとき。

当てはまるところだけでもいいです。ぜひ参考にしてください。

何があっても学べることはあると知る

誰でも生きていれば、さまざまな経験をします。うれしい、楽しいと感じることもあれば、つらく悲しいことも起こるでしょう。

私は50歳を過ぎてから、どんなにつらいと思うできごとにも良い面がある、そして、どれだけ苦しいことにも必ず何か学べる点があると考えるようになりました。

人生の局面でどんなことを学んだのか、大きなものをいくつか挙げてみましょう。

まず結婚生活では、頭からビールをかけられるなど、夫の極端な行動に長く悩みました。でも少しずつ、自分が信じると決めた人を理解し、丸ごと受け入れようとすることの大切さがわかってきました。次第に夫の行動が変わり、「こんな自分を受け入れてくれてありがとう」と言われるまでになりました。

40代で最愛の夫を失ったときは、悲しいのはもちろんですが、誰でもいつ、どうなるかわからないことを痛烈に感じました。

だからこそ、生きている間に迷ったりためらったりしている時間はもったいないですし、限りある時間を精いっぱい生きて、私の知っていることをお伝えし、周りの方にも幸せになってもらおうと決意したのです。

夫の遺産相続争いに巻き込まれたときは、お金についてずっと人任せだった自分を反省しました。お金は人生をより良くしてくれるものですから、もっと積極的に自分から関わるべきだったのです。

そして投資詐欺に遭ったときは、直感をもっと大切にすべきだったと身にしみました。

どんなにつらく苦しいできごとからも、必ず学べることがあるとはいえ、トラブルの真っただ中にいるときは、とても「これは自分にとって良いことなんだ」とは思えないでしょう。

私もある程度時間がたってから振り返り、受け入れることができたから、良い面を見ることができたのです。

過去に経験したことに関して、まだあなたの中につらい、苦しいなどの感情があったら、少しずつでもいいので「大変だったよね、でももう大丈夫」と、受け止めてください。

大切なのは、つらかった思いにふたをして、なかったことにするのではなく、実際に起きたこととして自分でしっかりと受け止めること。その勇気があれば、つらく苦しいできごとからも、自分の成長につながる何かを得ることができるでしょう。

東洋には「陰陽」という思想があります。白と黒の勾玉《まがたま》が円を描くように組み合わされた図柄を見たことがあるのではないでしょうか。

この世界には、光と影、昼と夜、ポジティブとネガティブ、熱いと冷たい、善と悪など、陰と陽の相反する要素があり、どちらか一方では世界が成り立たないことを意味します。

一見すると良くないことに見える陰も、陽に変わる可能性がある。そして良いことだと思える陽も、自分次第で陰になることもある。私はこう理解しています。

一方的な見方で、陰陽を決めるのではなく、さまざまな面から見て、考えてみる。その姿勢が、バランスの取れた人生を送る秘けつなのだと考えています。

起きることはすべて「自分発振」だと捉えています

「愛と幸せの7つの法則」でもご説明しましたが、とても大切なのでもう一度取り上げたいと思います。

人はつらいことや悲しいこと、そのときの自分にとって良くないと思えることが起きると、どうしても周囲の人や環境のせいにしてしまいがちです。

でも、「起きることはすべて自分発振だと捉えています」を実践し始めると、どんなことが起こるか。私のカウンセリングを受けた女性の例を紹介しましょう。

彼女は夫婦仲がうまくいっておらず、パートナーの浮気を疑っていました。私に相談に来ると、たいてい「夫がこんな態度だった」「こう言われた」と、パートナーの言動についての話ばかり。

そこで私は、「起きることはすべて自分発振だと捉えています」の大切さについて説明しました。文句や愚痴ばかりだと、もっと文句を言いたくなるような状況がやってくるし、喜んで感謝していれば、もっと感謝できるできごとが起こるのが、この世の法則です。

ですから2人の関係が悪化したのは、すべてパートナーのせいだと考えず、感謝できることをリストにして、少しでもいいので相手の良いところに目を向けましょうと提案したのです。

その上で、どうしても相手の言動が気になるときは、気分を切り替えるために自分を喜ばせる行動をとって満たしてあげるのがいいとすすめました。

するとその日の夜にパートナーが「来年は一緒に海外旅行をしよう」と提案してくれたそうです。さらに、もう何年も忘れられていた彼女の誕生日に、「いつもありがとう」とディナーを企画してくれたというのです。

こうしたことは、数え切れないほど起きています。自分から心地よさや感謝を発振したら、心地よくて感謝される状況がやってきたと考えられるのです。

人も自分も許すこと

許せないことがあると、私たちはイライラし、執着する気持ちで自分をがんじがらめにしてしまいがちです。他人や物に対して怒りを向けているようで、実は自らの心を硬直させ、不快な状態にしているのです。

「人を許す」ことは、わだかまりがある自身の心を解放してあげることでもあります。私は相手を許すだけでなく、許せないと思っていた自分も許してあげることが大切だと思っています。

誰にでも失敗はあるのに、ミスや失敗をした自分を責めたり非難したりするばかりでは、なかなか前に進めません。

自分に厳しく、真面目な人ほど「どうしてこんなことをしてしまったんだろう」「私って本当に駄目だわ」などと、自分自身を責め立てます。

私もいまだによく失敗しますが、そんなときは駄目なところを認め、「大変だったね。でも仕方ない、次こそ頑張ろう！」と、自分を許します。自分自身にそうできれば、他人の失敗にも「しょうがないね、次はこうしようね」と受け入れられるようになっていきます。

そうはいっても、どんなに好きな相手でも許せないと思う瞬間があるかもしれません。でも、たとえ相手に理不尽なことを言われたり怒られたりしても、あなたに問題があるわけではなく、相手自身の心にいらだちやストレス、不安や寂しさなどが隠れていることもあるのです。

怒りに対していらだちを返すのではなく、いったん相手を受け止めてあげましょう。そうするうちに、相手の本当の気持ちが見えてきたり、状況が変わってきたりするものです。

もっと愛されて、もっと夢を叶える力を手に入れるためには、自分も人も許す広い心を持つことが大切だと覚えておいてくださいね。

我慢は美徳ではない

日本では、昔から「我慢は美徳」という考えが根付いていました。特に女の子は、いつもニコニコしていることを期待され、自分の意見を言うのはでしゃばりだと考える傾向が社会にありました。

自分の考えと違うことに対し、不満を持って怒ったり、泣きわめいたりするのは良くないことと考えられ、無意識のうちに我慢してきた人も少なくないでしょう。

一方で、男性も感情を表すのは「男らしくない」として、大げさに喜んだり涙を流したりするのはタブーとされていました。

私もつい最近まで、そうした考えに支配されていたのかもしれません。だからこそ、夫に頭からビールをかけられたり、ビーフシチューを投げ付けられたりしても、自分さえ我慢すればうまくいくと考えてしまったのでしょう。

当時は今のように、さまざまな情報がインターネット上にあるわけではありません。結婚生活の悩みなどを相談できるのは、友人や家族に限られていました。さらには、我慢は美徳という考えが世の中を支配していて、「自分を大切にしよう」というアドバイスをしてくれる人は少なかったのです。

そのため私も、「どうしたら仲良く楽しく、家族が幸せに過ごしていけるのか」を精いっぱい考えて、暮らしていました。

今振り返ると、当時の自分に我慢は美徳ではないよと言ってあげたいです。それは若かったころの私自身だけではなく、いろいろなことに耐えて頑張っている、現代の女性にもお伝えしたいことです。

不本意なことに我慢し、耐えて頑張るくらいであれば、自分に意識を向けてほしい。そして自分をいたわり、大切にしてほしい。

我慢しなければならない状況は、自分発振であり、あなた自身が心を硬直させてつくり出しているのです。自分に意識を向けて、心地よい状況を少しずつ整えれば、自然と人間関係や状況も変化していくはずです。

知らぬ間にできている枠に気付こう

「我慢は美徳」と同じように、私たちの思考は知らず知らずのうちに、ある考えや常識と呼ばれるものに縛られてしまうことが少なくありません。

そんな自分自身にはめている「枠」に気付けば、もっと柔軟に幸せになり、愛されて願いを叶えることができるのです。

私の経験から、どんな枠があるのか例を挙げてみましょう。

私は中学生のころから西城秀樹さんの大ファンで、ファンクラブに入っていました。そして、ファンクラブの会員限定で募集された、秀樹さんのバックダンサーになったことはご紹介しましたね（92ページ）。

同じステージに立つことが増えると、少しずつ会話をすることができるようになっていきます。ある日、私がコンサートに行きたいと言うと、最前列、それも中央の席を用意してくださいました。

秀樹さんのコンサートでは、ある曲で客席の真ん中にいる人をステージに引き上げて、一緒に階段に座って歌う演出があります。私は秀樹さんが手を差し出してくれたにもかかわらず、「たいして売れてない私なんて……」と自分を卑下する思いに縛られて、その手を取ることができませんでした。

また偶然、家まで車で送ってもらった機会にも、「私なんて……」という気持ちから、ろくに話もできずじまいでした。

本当は一緒に歌を歌いたかったし、送ってもらったのをきっかけにデートもしてみたかった。でも「大スターだから、付き合っても捨てられるに違いない」という勝手な思い込みから、大好きなのに素直に行動できなかったのです。

こうした枠の例は、枚挙にいとまがありません。ひと昔前は、「結婚したら女性が家事育児をするもの」「安定した仕事に就くのが幸せへの近道」といった考えが主流でした。

有名大学を卒業して一流企業に勤めれば、一生安泰で幸せになれるという考えも、枠の一つでしょう。「みんなと同じ」が幸せで、人と違う行動を取る人は、多くの人が考える幸せではなく、変わった人生を歩むという捉え方をされたのです。今でも、親御さんの世代にはこうした考えを持つ人がいるかもしれません。

でも、時代は変わっています。このような枠にとらわれなくても、自分なりの方法で幸せになれるのです。だからこそ、「こうすべき」という枠ではなく、心の声を大切に、柔軟に自分を幸せにしてあげてほしいです。

できないことにチャレンジするのは、自分の宝物を増やすこと

Chapter 2「夢を叶えるアクションの一つに「夢の実現のために、一歩踏み出す勇気を持つ」ことをお伝えしました（89ページ）。

今よりももっと愛されて、もっとたくさんの夢を実現するためには、一歩踏み出していろいろなことにチャレンジするのが欠かせません。

人はつい、「いつもと同じ」が安心と考えがちです。でも私は、新しいことにチャレンジするのは、自分の宝物を増やすことだと思うのです。

新しいことにチャレンジすると、次の宝物が増えます。

①新しい仲間と出会う
②できないことができるようになって、自信を得る
③互いに認め合えて、心が豊かになる

新しいことに挑戦すれば、おのずと人間関係が広がります（①）。そして互いに共通する何かでつながり、成長していく過程を共にすることで、認め合えて心が豊かになります（③）。

また最初はできなくても、続けることで、どんなことでも必ず上達します（②）。「そんなこと言われても、できなかったら恥ずかしい」という方には、とにかく10回やってみて！と励まします。

私はダンスのレッスンをたくさん受けた経験から、初めて挑戦するサルサも簡単だろうと高をくくっていました。それなのに、初日はびっくりするほど動けませんでした。

でも、まったくできないところから始めたからこそ、ステップ一つ踏めるようになっただけで進化を感じられます。

どんなことでも、初めからうまくできる人なんていません。周囲の目より、「やってみたい」という自分の気持ちを大切にして、どんどんチャレンジしてほしいのです。10回続ければ必ず進歩して、「自分にもできる」という自信が身に付きます。

最近の脳科学の研究に、いつもと違う道を通るといった小さなことでも、その行動が変化をもたらし、脳細胞のつながりを強化するという結果がありました。

気持ちも体もイキイキとして若々しく、輝くことができるのが、「できないことへのチャレンジ」となり、アンチエイジングにつながるのです。新しいことへの挑戦は、外見、内面とも、私たちを若く見せるでしょう。

人と比較することをやめる

「周りと同じ／みんな一緒がいい」とされていた時代がありました。周りと同じであろうとするあまり、周囲の行動や他人の目を気にしてしまい、自分を人と比べがちです。

でも、私たちは一人一人違う個性を持つ、パズルのピースのようなものです。自分が心地よいと感じる居場所は、必ずどこかにあります。無理に形を変えて型にはまろうとしても、つらくなるばかりでしょう。

仕事を例にしましょう。近年、これまでの就職とは違う形で仕事を得られる機会が増えています。たとえばブログなどで読書好きをアピールしているうちに、作家さんとの対談が実現したり、書評の執筆の依頼が入ったりする。キャンプの魅力をSNSで発信するうちに脚光を浴び、キャンプ用品の開発アドバイザーになるなど、好きなことが仕事につながった人は少なくありません。

もしかしたらあなたは、「仕事につながるほど秀でていることなんかないよ」「趣味はあるけど、仕事になるの？」と思うかもしれません。

でも、いろいろなことにチャレンジして見つけた、自分の好きなことを続けていると、次第に自分の個性となっていき、仕事につながったり願いを叶えたりできる可能性は広がります。

多くの人が考える「当たり前」の道を歩まなくても、人と比べて無理に秀でたところを見つけようとしなくても、自分の「好き」から人生が開けて、多くの人に愛されて夢が叶うことだってあるのです。

私は一人一人がその人なりの個性を持つことで、キラキラと輝いて愛されるだけでなく、自分を生かせる夢の実現につながると考えています。

かわいいドレスにカジュアルなジーンズ、リラックスできるスウェットパンツが一つのお店にあっても、そんなお店は何が特徴なのかわからず、近寄りがたい。ドレスならドレスに特化した、デニムならその専門店のように個性があるほうがわかりやすくて、ふさわしいお客さんを引き付けるでしょう。

あなたが個性を大切にするとき、周りの人のありのままも認めましょう。そうして互いに、常識などの物差しでジャッジしないようになることで、みんながハッピーに愛されて、夢を叶えていけるようになるのです。

「ハッピーボイス」「ラブボイス」「奇跡ボイス」を大切にする

私のカウンセリングを受けてくださる方に、大切にしてほしいと必ずお伝えするのが、「ハッピーボイス」「ラブボイス」「奇跡ボイス」の3

つです。

これらは、ここまで紹介した大切なポイントをわかりやすくまとめたものと捉えてください。簡単に説明します。

☆ハッピーボイス（Happy Voice）☆

ハッピーボイスとは、物事や人の感謝できる面を見つけることです。たとえば雨が降っていたら、「濡れるのは嫌だな」と考えるのではなく、「雨のおかげで水があるし、作物が育つ」と良い面に目を向けるのです。

パートナーが自分の話を聞いてくれないと不満に思っても、「一生懸命働いているから、今日は疲れているんだな」「おかげで不自由なく暮らせている」と、感謝できるところに意識を集中させるのです。

自分が持つエネルギーを幸せなものに変えるためにできるのが、感謝です。「ありがとう」という言葉や、人や物に感謝する行為は、とてもエネルギーが高く、周囲も自分もハッピーにしてくれます。

私が感謝することの大切さをお話しすると、「お店で注文したメニューが運ばれてきたとき、ありがとうと言葉にしています」「夫がごみ出しをしてくれたら、ちゃんとありがとうと言っています」など、行動に対して感謝している人が少なくありません。

もちろん何かしていただいたときにお礼を言うことは、とても大切です。でも私がお伝えしたいのは、誰かに何かをしてもらったときだけでなく、今ある生活の中で「ありがたい」と思えることを見つけて感謝できる姿勢を持ちましょう、ということです。

たとえば朝目覚めたとき、ぐっすり眠れたのはベッドがあるからであり、さらには清潔なシーツや枕があるから心地よく眠れたはずです。

真夏の寝苦しい夜も扇風機やエアコンがあると快適ですし、目覚めてすぐにシャワーを浴びられるのも、水道やガスなどのライフラインが整っているからです。そもそも、屋根や壁がしっかりとした家に住んでいるからこそ、どんな天候でも暮らしていけるのです。

いつも使っているスマートフォンやパソコンがもしなかったら、と考えたらありがたみが湧くでしょう。

会社に行くための電車やバスが走っていなかったら、あなたは徒歩で行かなければなりません。そして身に着ける衣類がなければ、暑さ寒さから身を守れません。

もっと細かくいえば、ベッド一つとっても、素材である木を育ててくれた人がいて、工場で組み立ててくれる人がいる。できた製品を運んでくれる人もいます。エアコンを生み出した人、部品を作ってくれる人、取り付けてくれた人がいるから、年中快適な温度で暮らせるのです。

ペットボトルの水を飲むために、どれだけ多くの人が関わっているのか考えたことがあります。天然水が手元に届くまでどんな旅をしてきたか思いをはせると、ペットボトルを作る工場、配達業者さんだけでなく、水をもたらした大地や山、雲にまで、ありがとうと言いたくなります。

目に見えない、ありがたいことを見つけられるようになると、ささいなことでイライラしたり怒ったりすることが減っていきます。

口に出さなくても、心の中であれもこれもありがたいと思うようになると、ネガティブな思考がやみ、あらゆることを前向きに捉えられるようになります。

心が穏やかになって、幸せな気持ちでいられる時間も長くなります。そうしてどんどん「愛される」エネルギーを発するようになるのです。

☆ラブボイス（Love Voice）☆

ラブボイスとは、自分を大切に扱い、常に心地よくいられるように自分を褒めることです。

Chapter 2「焦ったりイライラしたりしない心を手に入れるアクション」でも、「自分を褒めて自分を幸せにする」ことをしていただきたいとお伝えしました。また「愛と幸せの7つの法則」でも、「自分を大切にします」という項目がありました。

実はハッピーボイスで感謝することを見つけるよりも、自分を褒めるラブボイスのほうが難しいと感じる人が少なくありません。

セミナーで「毎日、自分で自分の褒めるところを見つける」という課題を出すと、いつも同じことが浮かんで新しく見つけられないという人が意外に多いです。

もしかしたら「我慢は美徳」と同じように（146ページ）、「常に謙虚であるべき」という枠に縛られ、自分を褒めることに気後れする気持ちがあるのかもしれません。

でも、あなた自身が自分に対して愛を感じ、心地よくいることこそが、周りに愛を広げていく原点になります。

何も出てこないときは、「今日もすっきり起きられた自分は素晴らしい！　ラブリーン」「歯磨きを毎日続けられる私は素晴らしい！　ラブリーン」「疲れているのにお湯を沸かしてラーメンを食べたのは偉い！」など、どんな行動でもできたことを褒めてあげてください。

そして日頃から、人に褒められたことをメモしておくのもいいアイデアです。自分にとっては当たり前の、毎日トイレ掃除をすること、タオルは2日に1回洗うといった行動も、していない人はたくさんいます。

ぜひ意識して、自分を褒めてください。

☆奇跡ボイス（Kiseki Voice）☆

奇跡ボイスとは、どんなできごとも良い面に目を向け、「こんなすてきなことが起きるなんて奇跡！　ありがとう」と、感謝の心を持つことです。

私たちの生活は物や情報があふれ、すべてがあって当たり前の時代です。暮らしていくために必要な物はそろっているし、ちょっと検索すれば、あらゆることがわかります。

物や情報が当然のようにたくさんある今、私たちはつい「ないこと」に目を向けがちです。たとえば、スマートフォンやWi-Fiが使えて当たり前だから、電波が入らないことにイライラする。コンビニエンスストトストアは24時間開いているから、深夜に閉まっていることがあると文句を言いたくなる。

こうして「ないこと」だけに目を向けていたら、感謝の気持ちからは遠ざかるばかりですよね。

30代以下の方はご存じないかもしれませんが、私が20代のころは、家にある電話が唯一の連絡手段でした。友人と待ち合わせるにも、時間と場所をしっかり確認して遅れないように準備して出ないといけませんし、途中でトラブルがあっても連絡のしようがありません。

気軽にラインで連絡を取り合える今とは異なり、気になる男性から電話がかかってきても、応対した家族に切られてしまうことも起きていたのです。

そんな時代からすれば、電話を持ち歩くことができて、いつでも連絡が取れたり知りたいことを調べられたりする状況は、物語の中でしかあり得ない、まさに奇跡のような状況です。

さまざまな説がありますが、私たちがこの世に生まれてくるのは50兆分の1以下の確率だといわれています。

宝くじが当たるより、100万も1千万も低い確率です。そんな確率をくぐり抜けて、現在の日本で暮らしているというだけでも奇跡といえるでしょう。

そのことに気付き、ありがたいという気持ちを忘れないことが、愛されて願いを次々と叶える後押しをしてくれるのです。

「ありがとう」という感謝の言葉は、「有り難し」という言葉から生まれたといわれています。有り難しとは、仏教に由来する言葉で、有ること自体が難しい、つまりめったにない奇跡的なことを意味します。

私たちが当たり前に思う日常も、一つ一つが実はまれでありがたいことであり、感謝が大切であるという教えなのです。

ハッピーボイスにも通じますが、「有り難い」という気持ちを忘れずに、物事や人の「ない面」ばかりに目を向けず、あることに対して感謝する。そうして、あることの「有り難さ」に気付けるようになった人から、幸せと愛されるエネルギーが広がっていくのです。

ハッピーボイス、ラブボイス、奇跡ボイスの3つを3カ月ほど実践した女性がいます。彼女は初めての出産のため、実家で暮らしていました。パートナーは単身赴任のため、週末しか家に帰りません。

実家の母と祖母は、血がつながっているとはいえ、世代による考え方の違いがあり、つらい思いをすることが少なからずありました。

パートナーに相談したくても、会えるのは月にわずか数日です。彼女は内に悩みを押し込めているうちにうつになり、処方薬が手放せなくなってしまいました。

そんなとき、ハッピーボイス、ラブボイス、奇跡ボイスの考え方を知り、ないものよりあるものに目を向けて感謝するようになり、前向きになったといいます。

これまでは「ああ言われた」「こんなふうに言われた」など、不快なことが頭を占領して思考停止していたのに、祖母は祖母、母は母、自分は自分と割り切ることができるようになったそうです。

出産後はインテリアのコーディネートや、似合う色を選ぶパーソナルカラー診断の勉強をして、人生を良い方向に進める意欲が出てきたと聞かせてもらいました。

誰でも愛される価値がある

本章の最後にお伝えしたいのは、誰でも愛される価値があり、誰もがすでに愛されているということです。

「愛され力」を高めるための本なのに、なぜあらためて言うのかというと、このことをしっかり踏まえた上でそれぞれのコツを実践していただきたいからです。

そうすることで、愛され体質という土台がしっかり固まります。揺るぎない土台の上に愛され力を積み重ねていけば、ちょっとしたことでは動じることのない力が身に付くでしょう。

「どうせ私なんて……」という気持ちを抱えている人は、もしかしたら愛されているのに、自分で自分の価値を認めていないだけかもしれません。

この世に生まれたあなたが大きく成長できたのは、何年もの間、毎日ごはんを食べさせて、お風呂に入れて、寝かし付けてくれた人がいるからです。

生きていくために必要な身の回りの世話をしても、話しかけたり笑いかけたりといったコミュニケーションやスキンシップがない子どもは、長く生きられませんでした（134ページ）。

あなたは多くの人に愛を注いでもらった愛される存在であり、すでにたくさんの愛を受け取っているのです。

そして、あなたが愛される存在であるように、この世に生きる人すべても同じように愛される存在です。自分を認め、他人も認めることで、愛は穏やかに広がっていきます。

あなたの中に、愛はたくさん存在しています。動物や小さな子どもを見ると、愛おしい気持ちが湧いてくるでしょう。気付いていないだけで、あなたは愛に囲まれているのです。

愛を素直に受け取り、自分の持つ愛も惜しみなく誰かに注ぎましょう。

大きな愛の存在を忘れずに、もっと愛し愛されるために、一歩でも半歩でも前へ進んでいきましょう。

Chapter 4

もっと愛されて夢を叶えるためのプチアクション

本章でご紹介するプチアクションは、すべて一度に実践しなくても大丈夫です。気になったものから始めて、習慣になったら次を試す。取り組んでみたいものを1カ月おきに実践してみる、でも構いません。
ただ「愛と幸せの7つの法則」に通じるものが多いので、この法則に取り組んでいたら、気付かないうちにできているものもあるかもしれません。気負わず、気軽に試してみてください。

自分一人でできるプチアクション

愚痴や言い訳は、できるだけ発しない

日本では昔から、言葉には言霊が宿っているといわれています。
言葉には、その言葉通りの状態を実現する力があり、良い言葉を発す

れば自分にも周りにも良い影響を与えることができるという意味です。

実際に、いつも人の悪口や愚痴ばかり言う人のそばにいると、なんとなく気分が重くなり、明るく前向きな言葉を発する人と一緒にいると元気で幸せになると感じたことがある人も多いのではないでしょうか。

人に与える影響だけでなく、自分自身にも言葉は大きく働きかけます。なぜなら、自分で発する言葉を一番近くで聞いているのは、自分だからです。そのため、私は丁寧で明るく前向きな言葉を使うように心がけています。

人間は1日6万回、考え事をしているそうですが、そのうちの大半は過去に起きたことやネガティブなことを思い浮かべています。試しに今、何を考えているかチェックしてみてください。

「なんで課長はあの時、こう言ったのか」「どうして彼は連絡をくれないの？」などといった考えが頭を埋めていませんか。

自分の内側で無意識に発する言葉も、意識して明るく前向きに変えていくだけで、驚くほど雰囲気は変わります。

私もつい、「あの人はなんでこんなことを言うのかしら」といった考えが浮かびがちですが、「またマイナスなことを考えていた」と気付いたら、未来の楽しい計画を思い浮かべたり、目の前にある大好きな物を眺めたりして気分を切り替えます。

ただ、だからといって常に良い言葉ばかり使えているとは限りません。パソコンの調子が悪くて思うように作業が進まないとき、瓶のふたが固くて開かないときなど、もう嫌！とストレスで叫んでしまうこともあります。

また、人の話を聞かない人や、自分の考えに凝り固まった人に遭遇するとイライラしてしまい、直後に会った友人に「ちょっと聞いてよ、さっきね……」と愚痴りたくなることもあります。

私はそれも時にはいいと考えています。絶対に悪口や愚痴は駄目、と決め付けて、自分の中にため込んでしまうのは精神的に良くないからです。

無理に抑え込むのではなく、愚痴や言い訳はできるだけ口にしないようにする、と心がけていきましょう。

イラッとしたら「クレヨンぐるぐる」

夫のかんしゃくに悩んでいたころ、私は愚痴を言いたくても外には出さず、心の中につらい気持ちを封印していました。人に言っても理解してもらいにくいと思いましたし、夫を理解したい、そのまま受け止めたいという気持ちが強くて、「自分が少し我慢すれば夫の怒りは通り過ぎる」「彼だってつらいはず」と、つらさを押し殺していたのです。

当時の私は明るく振る舞っていましたが、もしかしたら周囲から無理をしているように思われていたかもしれません。今だったら、「つらいよね、悲しいよね。でも頑張ったね」と自身に声をかけて、もっといたわることができたでしょうし、時には友人などに愚痴を言うこともしたでしょう。
もしあなたに大変なことがあって、誰かに聞いてもらいたいと思ったら、信頼できる人に愚痴を聞いてもらうのもいいと思います。または人に話さなくても、心のモヤモヤをすごく簡単に処理できる方法がありま す。

必要なのは、紙とクレヨンだけ。「もうむかつくー!」と言いながら、クレヨンで紙面いっぱいに思い切り、ぐるぐると塗りたくるだけ。文字さえ書く必要はありません。

力いっぱい、かきなぐるという単純な動作ですが、内側にたまったものを紙の上に出すことで、思った以上にスッキリします。

描き終えた紙はビリビリに破ると、心のモヤモヤも捨て去ることができますよ。

自分の名前を辞書で調べてみる

「どうしても自信が持てない」「『私なんて』が口癖になっている」という方におすすめするユニークな方法が、自分の名前の意味を一文字ずつ、辞書で調べることです。

私も仲間と調べてみました。

宇野美香子の「宇」は宇宙、壮大、スケールが大きい、無限の空間、心、魂、天。「野」はフィールド、広々とした、自然のまま、真っ平ら、ラフ。「美」は立派、美しい、品格、心。「香」には好ましいもの、立派、上品、気品、魅力的。

そして「子」には、「相手のすべてを受け入れ、慰め、励まし、次の旅立ちの元気を与える」といった意味がありました。漢字のつくりは、「了」と「一」から成り立っています。

最終の結果・結末「了」を初め「一」から予測して、すべてのことを段取りして、物事を締めくくる、という意味があると、漫画『国歌奉唱歌手　宇野美香子　君が代物語』の編集長に教えていただきました。

あなたの名前も、辞書を引けばいろいろな意味が出てくるはずです。その中からしっくりくるもの、好きな意味を選んで、自分なりのストーリーを組み立ててみましょう。

たとえば、私の名前であれば、

宇宙のありのままの大きな可能性に満ちあふれている。

真っすぐ凛とした姿、思いやり、優しさで相手を包む香を醸し出す。

無条件で相手を許す、その優しさはまさに子を愛する聖母。

愛と幸せを歌う宇野美香子。


のように、作り上げられます。

必ずしも出てきた意味だけでなく、言葉を肉付けして組み立てても構いません。考えてみると、なかなか楽しいですよ。

自分に合った言葉をチョイスして紡いでいくので、同姓同名でもまったく別のストーリーになるのが面白いところです。

名前の意味をひもといてみると、毎日使う名前には深い意味があり、親が「こうあってほしい」と願った気持ちが込められているのがわかります。そして自分には、そんな一面もあるんだと思えてくるのです。

私も名前の意味を調べた後は、良い名前を付けてもらえたのだなと、あらためて親に感謝したくなりました。

一方で、胎児の時点で私たちは親に希望の名前を伝えていると聞いたこともあります。

人生の脚本を誕生前に作っているのですから、名前に共感する特徴を見つけて、磨いていこうと意識すると、自信が少しずつ身に付いていくでしょう。

好きな物を増やして気分転換！

できないことにチャレンジするのは、自分の宝物を増やすことだとお伝えしました（151ページ）。さらには、どんなに小さなことでも新しい何かに挑戦するのは、自分の「好き」を増やす行為だと思います。

思い付きで部屋に花を飾ったら、甘い香りと愛らしい姿に癒やされて気分が良くなるかもしれません。生花には、プラスのエネルギーを高める働きがあります。

体が硬いからとても無理、と思っていたヨガにチャレンジしたら気分が爽快になったなど、最近は運動が苦手な人でもできるエクササイズがたくさんあります。

新しい「好き」がどんどん増えていくと、生活が楽しさと豊かな気持ちで満たされていきます。お気に入りのマグカップやタオルといった物だけでなく、散歩やヨガなど取り組んでみて楽しいこと、動画配信サービスを見たり漫画を読んだりする心地よい時間の過ごし方など、意識して増やしていきましょう。耳にすると元気になる音楽や、口にしたら笑顔になる食べ物なども見つけておくといいですね。

私はパーソナルトレーナーについて週2回、筋力トレーニングをしています。岩盤の上で行うヨガやピラティスも楽しんでいます。最近知ったアルファビクスは、ゴムバンドを使った易しいエクササイズで、どんな年代の方でもトライできます。

筋トレは成長ホルモンの分泌と、フェイスラインのリフトアップを促します。背筋を伸ばして腹筋に力を入れ、目線を上にして大股で早歩きすると、若返りと減量、運気アップにつながります。

近所のコンビニエンスストアまで歩くのもいいですし、時間があれば公園など緑が多い場所を散歩するのもいいでしょう。お風呂やサウナに入って、汗を流すのもいいですね。

体を整えることは、「愛と幸せの7つの法則」の一つ、「心も体も身の回りも美しいです」にも通じますよ。

好きな物やことがたくさんあると、気分が落ち込んだりイライラしたりしたときの気分転換に役立ちます。

私は五感を刺激すると、うまく気持ちが切り替わると思っています。たとえば、パソコンの画面を見続けたときは、観葉植物などの美しい物、心が休まる物を眺めて目に入る景色を変える。

好きな音楽を聴くだけでなく、声に出して歌うのもいいでしょう。アロマオイルなどを活用して、香りを楽しむのも良い気分転換になります。朝なら爽やかなミントや柑橘系、ちょっと優雅な気分になりたいときはフラワー系と、何種類か用意しておくとそのときのモードに合わせて香りを変えられます。スイーツが好きなら、デザートを食べて味覚を満足させるのもいいでしょう。何か物を作ったり、作業に没頭したりするのもリフレッシュにおすすめです。

私は最近、人にすすめられて絵を描き始めました。学校の授業以外で絵を描いたことはほとんどなかったのですが、これが楽しい！

油絵となると準備が大変ですが、クレヨンや色鉛筆なら気軽に始められます。紙面いっぱいにぐるぐると落書きする不満解消法（173ページ）を試される方は、スケッチブックとクレヨンをご用意ください。

趣味で陶芸やそば打ちなどを始める方もいますね。ちなみに私は、勾玉《まがたま》作りにもはまっています。

楽しくリフレッシュできることは、たくさんあります。ご自身が楽しめて、うまく気持ちを切り替えられる好きな物、行動を探してみてくださいね。

自分なりの幸せを考えてみよう

「最高に幸せ」と感じることは、アイドル時代と今とで大きく変わっています。

アイドルとして活動していたころは、ピンク・レディーのヒット曲『ペッパー警部』や『UFO』などを作詞した阿久悠さん、作曲した都倉俊一さんに曲を作っていただけるだけでうれしくて、その歌を歌えることが本当に幸せでした。

でも再デビューしてからは、自分が伝えたい内容を作詞家の方にお話しして、自らのメッセージを伝えられる歌を歌えることに喜びを感じています。『ありがとう~愛し続けてくれたあなたへ』は、夫への感謝をつづりました。そして私のテーマ曲『Try Again』は、「もう一度自分を信じて歩き出そう、あなたもきっとできるはず」という思いを込めて、多くの方に届くことを願いながら歌っています。アルバム『Happy & Love』では、「愛と幸せの7つの法則」を歌にしました。作詞も3曲、手がけています。

自分自身の幸せのカタチも変化するのですから、あなたと他の人の幸せは違っていていいのです。

年々、多様性が認められる社会になってきていますし、女性の幸せのカタチもさまざまです。これまでのように、結婚して子どもを生み育て、家庭を守ることが幸せという人もいるでしょう。

また、結婚しても、夫婦だけで日々を楽しむ幸せもあります。パートナーがいても結婚せずに、仕事に打ち込むという幸せもあるでしょう。離婚して自由に暮らすのも、その人の選択です。

これまでは家族のために頑張ってきた人も、新たな夢に向かって挑戦できる時代でもあります。

どの選択が正しいわけではなく、それぞれしっくりくることが、その人にとっての正解であり、幸せなのです。

ですから「何歳までに結婚しないと幸せになれない」とか「親の言う通りの道を歩まないといけない」というような世間体や、他人が考える「幸せの道」を歩む必要はないのです。

自分自身に「どうすれば自分は一番幸せか」を問いかけて、出てきた答えの通りに進んでいけばいいのですし、ライフスタイルによって幸せのカタチが変わってもいいのです。

あなた自身の幸せが手に入れば、他の人と比べる必要はないでしょう。誰かが誰かより幸せということはありません。人がなんと言おうと、自分が心地よく感じられ、自分らしくいられるのなら、それがあなたにとっての幸せなのです。

そうして、自分だけの幸せを手に入れようとして、楽しんでいる人は、キラキラ輝いて「愛され力」が高まるのです。

ただ、今私が声を大にして言いたいのは、子どもを産み育てる素晴らしさが女性の特権だということです。少子高齢化だから出産してほしいのではありません。女性が、人として大きく成長できるからです。

私たちの内面にある母性を開花させ、美しく豊かで潤いのあるたおやかさを感じることができます。この幸せを味わわないのは、もったいないです。自分の中にこれほどわが子を愛しく思う気持ちがあることに驚きますし、親の愛が想像以上に強かったことにも気付き、感謝が深まりました。

皇居勤労奉仕の際、「日本の子どもたちが自己肯定感を高め、日本人としての誇りを持ち、世界で活躍してくれるようになることを願って活動しています」と皇后様にお話ししたとき、「これから必要なことですね」と言っていただけたことは、私の宝物です。

自分がどうありたいか問いかける時間をつくる

「自分なりの幸せ」は、探せばすぐに見つかるものではありません。何度も自身に問いかけて、「こうかな」「それとも、こっちがいい？」と試行錯誤しながら見えてくるものです。

皆さんには、日々の忙しさに追い立てられるばかりでなく、自分と向き合い、問いかける時間をつくっていただきたいと思います。

自分の大切な人生です。たとえば24時間の1パーセントは、約15分。朝感謝を思い浮かべてから起き上がり、窓を全部開けて15分間、人生の目標、人間関係、欲しい物、行きたい場所、健康、親孝行したいこと、仕事の予定などを見直し、今日することのリストを確認する時間を取ります。

夜バスタブに浸かっているとき、通勤や出かける電車の中でもいいので、1日に最低でも1回は、自分と向き合う時間をつくってみましょう。その積み重ねが人生を変えます。

ただ、自分と向き合うといっても、大それたことではなく「どうなれば心から幸せだと感じるか」「どんな自分でいたいか」「今度の休みは何をしたい、どこへ行きたい?」「私にとっての幸せはどんな状態?」など、シンプルな問いかけでいいのです。

自分なりの幸せは、その時々で変わるものです。絶対にこうでないといけないことはありません。

自分に問いかけたら、脳が答えを出してくれるのをリラックスして待ちましょう。私たちの脳はスーパーコンピューターのようなものですから、問いかけたことには必ず答えを出してくれます。答えの多くは直感を通じてやってくると考えるといいでしょう。

人生がうまくいかないとき、自分が本当に求めている物がわかれば、解決の糸口が見えてくることも多いです。

たとえば、夫婦関係がうまくいっていない場合。夫はいつも忙しくて、家に帰ってきても疲れ切って話もロクにしてくれない。「もう愛情が冷めてしまったのかしら」「他に好きな人ができたのかも」などと疑いや不安がぐるぐる頭を巡ってしまいます。

そんなときは、夫に「いつも忙しいって、少しは私の話も聞いてよ」と怒りをぶつけるのではなく、ちょっと時間を取って自分に問いかけてみてください。「なぜ夫が話をしてくれないとイライラするんだろう？」「なんだ、構ってもらえなくて寂しいんだ」「愛情表現をしてもらいたいだけだった」とわかってくるかもしれません。

そうしたら、「まず夫の話を聞いてから、私の話も聞いてもらおう」「家族のために一生懸命働いてくれているのだから、お疲れさまと言って好きな物を作ってあげよう」という気持ちになるかもしれませんね。

あなたがイライラしなくなったら、相手も「いつも忙しくてごめんね」などと歩み寄ってくれることもあるでしょう。

私は忙しくてやるべきことに追われると、自分と向き合う時間が減って、消耗していく気持ちになります。そんなときは、少しの隙間時間を見つけて、静かにお茶を飲んだり、窓を開けて深呼吸をしたりします。

数分心を無にする時間があるだけで、周りに振り回されずに心を内面に向けることができます。

特に気になることがあるときは、心を落ち着けるだけでなく、自分に問いかけてみてください。「さっきは夫の不機嫌な態度にイラッとしてしまったけど、なんでだろう」と問いかけると、理由が見えてくるはずです。

「今すごく疲れているよね。でも今日1日、よく頑張った」と自分を慈しむのもいいでしょう。

1日に数回、自分を大切にし、本当の気持ちを見つめることで、自分なりの問題解決法や幸せを見つけることができるのです。

人生のシナリオを描いてみよう

これまでお伝えしてきたように、私は大まかに書き出しても、芸能界デビュー↓結婚で引退↓幸せだけど、課題も多かった結婚生活↓夫の死↓遺産相続問題↓再デビュー↓投資詐欺に遭うなど、喜びも悲しみも大きな人生を歩んできました。

振り返ると、それはもしかしたら私が10代や20代の若いころに描いた「普通じゃない人生を送りたい」「波乱《はらん》万丈がいい」というシナリオ通りの人生だったと思うことがあります。

「人生は、生まれたときから決まっている」という考え方もありますが、私は根本的には「自分で自分の人生のシナリオを描ける」ものと思っています。

もちろん、ドラマや映画のようなシナリオを作っても、翌日からその通りの人生になるわけではありません。大きな船が時間をかけてゆっくりと方向を変えるように、長い時間をかけて少しずつ望む進路に向かっていくのです。

願っていたのと異なるできごとも頻繁に起こります。「こんなこと描いてないいんだけど?」とそのときは思っても、後から振り返ると、最終的に自分の願いを叶えるために必要な課題だったということがよくあるのです。

私は夫の死後、最愛のパートナーを失った悲しみに耐えながら、夫の前妻の家族との遺産相続問題に立ち向かわなければなりませんでした。最初は裁判でプライベートなことまでズケズケ聞かれたり、弁護士に「遺書を残していないのは、夫婦関係が悪かったからではないか」などと言われたりしたときは、悲しくて前妻の家族を恨みたい気持ちになりました。

でも1年もすると「これも私の人生の一部なのかも」「もう戦わなくても、なるようになればいいかな」と、状況をそのまま受け止められる

ようになってきたのです。

現状を受け入れる気持ちになれたのは、いろいろ振り返ってみて10代のころから「平凡な人生は面白くない。どうせなら波乱万丈がいい」と思っていたことに気付いたからです。

遺産相続問題が身に降りかかってきたのは、そのシナリオ通りだったんだと、妙にふに落ちたのです。

私が描いた人生のシナリオでは、私が物語の主人公であり、前妻や次女は悪役だったのでしょう。「2人とも私の人生をドラマティックに彩ってくれたわ。面白いストーリーにしてくれてありがとう！」。そう思うと気持ちが楽になり、2人を許せるようになったのです。

私がここでお伝えしたいのは、自分が描いた未来のシナリオはいつでも、好きなだけ変更していいということです。

私も「自分で決めてきたことが起こったのだから、次は違うストーリーにしよう」と考えました。そしてこれからはもう少し落ち着いて、世の中に愛を広げていく役割を演じようと決めたのです。

もしあなたが今、悩み、苦しみ、行き詰まって、何か違う、自分を変えたいと思ったら、これからどうしていきたいか、どんなふうになっていけば幸せなのかを考えて、思い通りに何度でもストーリーを描き直してみましょう。

今、周りにいる人たちが、こんなキャラクターだったら面白いなと想像してみたり、新たにこんな人に出会いたいな、今後の人生がこんなふうに展開したら私は幸せだろうなと、登場人物やプロットのイメージを膨らませたりしてみてください。

裁判を終えてから、夫の次女とは連絡を取っていませんが、今後もしどこかでばったり会ったとしても、「久しぶり、元気？」と普通に話ができる気がします。私がそうした心持ちでいれば、きっと相手も自然に接してくれるでしょうし、新たなストーリーが始まるかもしれません。

次の脚本では、2人を悪役ではなく、良い人に書き換えられるといいなと思っています。

余命があと1カ月だったら？と考えてみる

幸せな結婚をしたと思ったら、40代で夫を白血病で亡くしました。私は今ある生活は、永遠には続かないと実感しています。

そのため、「もし自分の余命があと1カ月だったら、自分はどうするだろう？」ということをよく考えます。

「縁起でもない」と言われるかもしれません。でも、誰の命にも限りがあるのは事実です。だからこそ目を背けずに、残された時間は限られていると考えてみることで、本当の気持ちが見えてくるでしょう。

余命1カ月と仮定したら、「今、したい」と思いながら一歩踏み出せずにいたことを後悔するかもしれません。また、最期に一緒に過ごしたい人に、もっと愛を伝えておけばよかったと思うかもしれません。

いずれにしても、やり残して後悔すると思えることがあったら、早めに行動に移しましょう。

余命1カ月ではなく、3カ月、1年と仮定してみるのもいいでしょう。そうして出てきた内容を基に、人生のシナリオを書き直すのも良い時間です。

自分の人生なのですから、後悔しないようにしたいことやチャレンジで埋め尽くしていきたいものです。

悲しみの涙は押し殺し過ぎなくていい

夫の闘病中、私は泣いたことはありませんでした。なぜなら、「死神が逃げそうなくらい強い夫が死ぬわけない」「今は入院しているけど、絶対に治って帰ってくる」と本気で思っていたからです。

当時、長男が大学浪人生活を送り、次男は大学受験を控えた高校生だったので、２人とも勉強に忙しく、家事はすべて１人でこなしていました。私は仕事をしていたので、家事も終えた後に毎日、車で１時間かけて病院へ行き、夫の見舞いをしていたのです。

大変ではあったけど、これも今だけの辛抱で、夫はもうすぐ帰ってくると信じていました。だからこそ、泣いたりせずに、ただただ「早く元気になって！」と思っていたのです。

ある日、主治医に呼び出され「今は病状が落ち着いているように見えるけど、いつどうなってもおかしくない」と言われました。私はそれを聞いて、「夫は治るはずなのに、先生は意味のわからないことを言うな」と思いました。

しかし残念ながら数時間後、夫の容体が悪化したと病院から電話が入ります。そして、慌てて病院に駆け付けると、一瞬だけ夫の意識が戻り、言葉を交わすことができました。でもまたすぐに昏睡《こんすい》状態に陥り、ついに帰らぬ人となったのです。

夫が目の前で亡くなり、現実が押し寄せてくると、それまで張り詰めていた糸が切れたように悲しみが襲ってきました。そして、涙があふれて止まらなくなってしまったのです。落ち着かなければと思っても、ふとした瞬間に涙が出てきてしまいます。

家にいるときも、それは起こります。突然泣き出した私を見て、驚いた息子が駆け付けてきたこともありました。

夫の死後1カ月ぐらいは、寄り添っているカップルを見ると、「あの人たちは支え合うパートナーがいるのに、私は一人ぼっち……」と泣けてきました。さらに、人間だけでなく、2羽のスズメを目にしただけでも涙が止まらなくなってしまったのです。

でも私は、無理に感情を抑えて泣くのをやめることはしませんでした。日本では、「いい大人が人前で泣くなんて」とネガティブに捉えられることが多いのではないでしょうか。特に男性は、人前で涙を見せる姿を「男らしくない」「恥ずかしい」こととして、ぐっとこらえるのが美徳とされることも多いでしょう。

私は年齢や性別にかかわらず、泣きたいときは好きなだけ泣いていいと思います。涙からはストレスホルモンが排出されるといわれていますし、私も泣くことでつらい気持ちや悲しさが、少しずつ浄化されていきました。

人前で泣くのを避けたかったら、人のいない所でいいのです。わだかまりや感情をため込まず、涙と一緒に解放してください。心が軽くなれば、少しずつ幸せが近づいてくるはずです。

良いところ探し名人になる

人の良いところを褒めるのは、「愛と幸せの7つの法則」の「小さな親切をします」や「大切な人に愛を伝えます」に通じる、日々の生活に欠かせない行動です。

人を褒めることは、相手に気持ち良くなってもらえるだけでなく、その言葉を聞いた自分自身も優しい気持ちになれる、素晴らしい行為です。

脳は主語を理解しませんので、相手を褒めていると結果的に自分に言い聞かせているのと同じ状態になるのです。

人を褒めるためには、相手の良いところを探す名人になる必要があります。

初対面であれば、その人から受けた印象、服装や持ち物、そして話し方やしぐさなど、自分の好きなところを探しましょう。

何度か会っている人でも、前回と変わったところはないか、少しの変化もキャッチして「なんだか髪型スッキリしたね」と言葉にする。

私は最近、人と接していて目についたところを良い意味に変換するのが得意になってきました。

たとえば「いい加減」→「おおらか」、「気が弱い」→「優しい」など、見方によって人の特徴はポジティブに変わります。

そうして楽しみながら、人の良いところを見つける名人になっていくと、あなたの周りには、心地よい人間関係が築かれていくはずです。

人にも自分にも親切にする

テレビ東京で１９７７年から10年間、放映されていた『ヤンヤン歌うスタジオ』という音楽バラエティー番組に出演したときのことです。

その日の企画は、西城秀樹さんと郷ひろみさんがチームに分かれて、それぞれ３人ずつファンの子が入り、野球の試合をするというものでした。

私は秀樹さんチームに加わるファンの１人として、参加することになりました。楽屋からセットへ向かう通路はとても狭く、私はすれ違いざまに郷さんに足を踏まれてしまいました。

すると、郷さんが私の前でひざまずき「大丈夫？」と声をかけてくれたのです。当時の郷さんは王子様のような雰囲気があり、そんなドラマティックな動作も決してわざとらしい感じではありません。とてもすてきでした。

でも私は、秀樹ファンとして企画に参加していたこともあり、「私は『秀樹命』なんだから、声をかけないで！」といった変な正義感から、プイッと顔を背けてしまいました。郷さんの謝罪を正面から受け取れなかったのです。

後から考えると、敵チームのファンの1人にすぎない私に誠実に接する郷さんは、人として本当に素晴らしいですし、自分の心の狭さがとても恥ずかしくなりました。

心にゆとりがないと、優しい気持ちで接することができません。自分を大切にして初めて他人を思いやることができ、人に愛されるのです。

郷さんにしても、秀樹さんにしても、自分に厳しい面はあったと思いますが、自分を認め、自分への愛があったと思います。だからこそ、自分に向けた優しい気持ちを誰にでも分け隔てなく与えていたのではないでしょうか。

シャンパンタワーを想像してみてください。一番上のグラスをシャンパンで満たさないと、下のグラスまで満たすことはできません。一番上のグラスがあなたで、下のグラスが周りの人たちだと考えてください。

まずは自分自身をシャンパンという、愛と優しさで満たさないと、他の人を幸せにできないのです。

人の心のこんな仕組みに気付いたことで、私は自分に厳しくするのをやめました。そして、思い込みや世間のルールにとらわれないようになり、そのおかげで本当の心の声をキャッチできるようになったのです。

人が見ていなくても、小さな親切をしよう

歌手の坂本九さん（享年43）をご存じでしょうか。世界的にヒットした『上を向いて歩こう』や『見上げてごらん夜の星を』『明日があるさ』などは、誰でも一度は耳にしたことがあるかもしれません。

私はアイドル時代に歌番組でご一緒させてもらったことがあり、その素晴らしい人間性に触れて感動した記憶があります。そのため、1985年に起きた日航ジャンボ機墜落事故で亡くなられたというニュースを知ったときは、本当にショックでした。

坂本九さんの優しさに触れたのは、歌番組が始まる前の楽屋でした。芸能界には「楽屋あいさつ」という慣例があり、歌番組からドラマ、イベントまで、若手が先輩やベテランの方々の楽屋を回って自己紹介やあいさつをするのです。

当時、私がメンバーであった「きゃんきゃん」はデビューして間もないため、出演する方々の楽屋をすべて訪問する立場です。それがなんと、私たちの楽屋にテレビ画面でしか見たことのなかった坂本九さんが、先にあいさつにいらしたのです。

坂本九さんのような大御所の歌手が、新人の楽屋を訪ねるなんて通常では考えられないことです。あまりにもびっくりして、細かいことは実は覚えていないのですが、とても自然に振る舞われていて、なんてすてきな気遣いの人だろうと感激しました。

ごく短い時間だったとは思いますが、なんともいえないオーラがあり、ちょっとした言葉やしぐさから素晴らしい人柄が伝わってきました。

それからしばらくして、ラジオ番組のスタッフから、坂本九さんと俳優の柏木由紀子さんの結婚のなれそめについて聞く機会がありました。

車で移動中だった坂本九さんは、偶然柏木さんがお年寄りの手を引きながら横断歩道を渡っているのを見たそうです。誰が見ているわけでもない場所で、ごく自然に人に優しく接する柏木さんを見て、すごく良い人だと好印象を持ったことがきっかけとなり、交際に発展したとのことでした。

街中の横断歩道や階段で、お年寄り、小さな子どもを連れた方、目の不自由な方、大きな荷物を持っている方が困っているのを見かけることがあります。声をかけようかと思っても、特に急いでいるときは「誰かが助けてあげるだろう」と、見て見ぬふりをしてしまうこともあるでしょう。

目立ってしまう芸能人だと、なおさら一般の人には声をかけづらいと思いますが、柏木さんは自分のそうした立場を気にすることなく、困っている人がいたから純粋に助けたのでしょう。

その話を聞いたとき、そんな二人が引かれ合って結婚したことになんて素晴らしいのだろうと、お二人は私の理想の結婚像、理想の夫婦像になったのです。

「愛と幸せの7つの法則」にも「小さな親切をしています」を挙げました。日々、人が見ていても見ていなくても、小さな親切を心がける。そうした毎日の積み重ねがあると、「良いことをしている」自分に対して肯定感が高まりますし、自分との約束を守っているから心がけが信念に変わります。

そうして安定して「愛されて夢を叶える姿勢」が身に付くと、愛や幸せ、そして喜びも引き寄せられてくるのです。

あとがき

私は「愛される人」は、自分の本質とつながり、正直かつ楽しく、明るく、美しく生きる純粋性の高い人だと思います。理想とする自分に近づくために足りないものがあるなら、そのための種を植え、愛の光を注いで育てることです。時間とエネルギー、お金をかけて大切にすれば、最高の自分を更新しながら輝きを増すことができるでしょう。

パートナーや家族、友人だけでなく、知り合う人すべてを温かい気持ちにさせ、希望や光になれる。

一人一人が、そんな愛される力を身に付けて、心地よさを広げていけば、愛と幸せが手に入るだけでなく、世界平和につながると本気で考えています。

もちろん、私だって完璧な存在ではありません。今でも、落ち込んだりネガティブな気持ちになったりすることがありますし、部屋が散らかっていたり、髪の毛が乱れたままだったりすることもあります。

でも、そんな自分でも「愛と幸せの7つの法則」という軸があるから、日々少しずつでも愛を広げていけるのです。

私は一人でも多くの人に、愛されて夢が叶う幸せな人生を送ってほしいと願っています。だからこそ、この本を読んで「愛され力」を高めるコツを今日からいくつか実践し、周りから笑顔が返ってきてうれしかった、という体験をしていただきたいのです。

でも、これだけで終わってしまってはもったいないとも思います。できれば何度も読み直して、少しずつできることを増やして、習慣にまでしてほしい。そうすることで、愛される体質に変化し、愛され続ける人になれるのです。

もし１人で実践して、くじけそうになったときは、私が１００日間、あなたに寄り添う「Loppy（ＬｏｖｅとＨａｐｐｙを組み合わせた造語）Academy」を主催していますので、お問い合わせください。

また、たくさんの方に「Ｌｏｐｐｙ大作戦」を一緒に実践していただくためのアンバサダーも募集しています。

詳しい情報はコチラ

「国歌奉唱歌手®」として、日本のためにできること

日本という素晴らしい国に生まれ育ったこと、そして多くの祖先の貢献によって現在、恵まれた環境に生きられることに感謝しています。

感謝の気持ちを忘れず、日本人としての誇りを持って生きるために、皇居勤労奉仕に伺っています。また特別攻撃（特攻）作戦の舞台となった鹿児島県に当時のことを学びに行く「三大特攻基地（知覧《ちらん》・鹿屋《かのや》・万世《ばんせい》）研修」を主催しています。

皇居勤労奉仕の際に、上皇様に美智子様への私の想いを短く伝えたら「今日は美智子が休みでごめんなさいね。Love, Love, Love. 美智子に伝えますね」とお声がけいただき、心の宝物となっています。

映画『ペイ・フォワード 可能の王国』（２００１年）は、人から受けた善意を別の人に渡し、それを受けた人がまた別の人に渡していくことで優しさがつながり、多くの人が幸せになる様子が描かれる物語です。

世界中で多くの人が自然災害や戦争で苦しむ中、自分一人の力ではどうにもならないと、無力感や空虚感を覚えることもあるかもしれません。

でもどんな状況であれ、一番大事なのはこの本で繰り返しお伝えしてきた通り、一人一人が明るくハッピーでいることです。

Ｌｏｐｐｙ大作戦は、ここまでお話ししてきたように「愛と幸せの７つの法則」を軸として、一人一人が自分を愛して、自分発振で美しく幸せに生きていくことです。

自分がご機嫌でいられれば、そのポジティブなエネルギーは必ず周りの人たちに伝わり、幸せの輪が波紋のように広がっていくはずです。

あなたの愛と幸せが、家族へ、友人へ、日本中へ、そして世界へと広がりますように。

宇野美香子

Profile

宇野 美香子（うの みかこ）

東京都出身。1982年、アイドルユニット「きゃんきゃん」として、『あなたのサマーギャル』でデビュー。テレビ、ラジオ、新聞、雑誌などのメディアで活動。

結婚、子育てを経て、2013年に『いまでもアイドル』で芸能活動を再開。J-POPと『君が代』を歌う国歌奉唱歌手®として、「日本の尊さ」を学ぶ活動も実施。

世界中の人の心を愛と幸せでいっぱいにする「Loppy大作戦」をはじめ、社会貢献活動にも積極的に取り組む。

【社会貢献活動の主な実績】

2013年～
・「タイガーマスク運動」に賛同し、ランドセル寄贈に協力

2015年7月～
・三大特攻基地（知覧・鹿屋・万世）研修（年2回開催）

2020年春
・「Loppyチャリティーフェスティバル」（年4回開催）
・ランドセルと子守歌を寄贈する活動を開始

2020年5月
・「Loppy大作戦」として、マスクを1万枚配布

2022年12月
・養護施設や子ども食堂に、文具を寄付する活動を開始

企画協力　　株式会社天才工場　吉田 浩
編集協力　　塩尻朋子　権田アスカ
イラスト　　松野 実
組版・校正　春田 薫
装　　幀　　吉良久美

夢が叶う愛され力の身に付け方
愛も幸せも手に入る７つの法則

2023 年 12 月7日　第1刷発行

著　者　　宇野美香子
発行者　　松本 威
発　行　　合同フォレスト株式会社
郵便番号 184-0001
東京都小金井市関野町 1-6-10
電話 042（401）2939　FAX 042（401）2931
振替 00170-4-324578
ホームページ　https://www.godo-forest.co.jp/
発　売　　合同出版株式会社
郵便番号 184-0001
東京都小金井市関野町 1-6-10
電話 042（401）2930　FAX 042（401）2931
印刷・製本　恒信印刷株式会社

■落丁・乱丁の際はお取り換えいたします。

ISBN 978-4-7726-6231-4　NDC914　188×130

合同フォレストSNS
facebook　Instagram　X　YouTube
合同フォレスト
ホームページ